女性のこころをつかむマーケティング

WHY SHE BUYS
by Bridget Brennan

This translation is published by arrangement with Crown Business,
an imprint of The Crown Publishing Group, a division of Random House, Inc.
through Japan UNI Agency, Inc., Tokyo.

イントロダクション

女性を理解するものがビジネスを制する

私は夫とふたりで、自動車ディーラーのドアをくぐった。何カ月もあれこれ検討した結果、ついに理想の車を見つけた――と思っていた。自信満々、店に足を踏み入れたのだ。ほんの二、三時間後には、一・七トンのドイツ製の鉄の塊を買って出てくることになるだろう。

試乗はすばらしかった。なにしろ究極のドライビングマシン、BMW540iだ。けれども私は、ひとつだけ、なんというか、その……欠点に気づいた。初めは、心のなかでそう考えるのもはばかられた。世界に誇るドイツの機械工学の結晶に、ケチをつけるようなものじゃないの？　そして目を閉じ、自分が毎朝、通勤に出るところを想像するうちに、もう黙ってはいられなくなった。つまり、何かというと……ドリンクホルダーのことだ。

この中古のモデルに付いていたドリンクホルダーは、笑ってしまうほどちゃちなものだった――ちんまりしたプラスティックのカニの爪が、ボタンを押すと弱々しくつかむような動きをする。小さなカップさえ置けそうにないし、まして私がいつもコーヒーを入れて持ち歩いている、背の高いおんぼろサーモスなどは絶対にむりだ。

試乗の間じゅう、私は黙ったまま、販売員がトルクだのゼロ対六〇だのと、性能やスペックを立て板に水のように話すのを聞いていた。それからやっと、意を決して、その言葉を口にした。

「ドリンクホルダーはどうなってるの？」

販売員がまじまじと見た。

「ここにありますよ」

カニの爪を出したりひっこめたりしてみせる。

「ええ、でも、ふつうのコーヒー容器をのせられるほど丈夫なようには見えないんだけど」

沈黙。

販売員は一瞬、やれやれという顔をしてから、私にはとうてい受け入れ難いセリフを口にした。

「ヨーロッパの人たちは、車のなかで飲み食いしないんですよ」

「あのね、私はアメリカ人だから、車のなかで飲み食いもします。というか、毎朝コーヒーを飲むのよ。背の高いサーモスに入れて」

すると相手は二発目のジャブを叩きこんできた。

「では、脚のあいだにはさんでおいたらいかがですか？」

この話の結末は想像がつくだろう。せっかくの理想の車だったが、私たちはこの店で買うのはやめた。それから夫が、５４０ｉ用のドリンクホルダーをアフターマーケットで売っているウェブサイトを見つけた。そして一カ月後、別のところでおなじ車を買ったのだ。ディーラーでの一件があった日の夜、消費者レビューのウェブサイトへ行ってみて、この車種にまともなドリンクホルダーが付いていないことを何十人もの人が嘆いているのを知って大喜びした。私だけではなかったのだ。

そう、私だけではない。いまや女性は消費者の購買行動を支配している。たとえば自動車業界では、女性が、トラックをふくめた車の半分以上を購入し、八〇パーセントに影響をおよぼしている。影響とはつまり、女性がコーヒーの置き場を見て気に入らなければ、彼女（とその夫や恋人）は買うのをやめて店を出ていくということだ。女性はお金だけでなく、拒否権も手にしている。

結果的にいま、あらゆる業界の経営陣が、女性にアピールする製品やプログラムをつくりだそうと躍起になっている。とくに電子機器や保険、自動車、金融など、かつては「男性向け」とされていた商品に、そうした傾向が見られる。

さっきのBMWの話は、男女のギャップがビジネスの場でどのように現れるかを端的に示す最良の——というか最悪の一例だ。女性はある製品を見るとき、売る側、とくに男性の販売員には重要でないと思えるような面に注目する。たとえば新しい家のコンセントの数や、コンサルティング会社が送ってよこす報告書の書き方、それに新車のドリンクホルダーの使いやすさだ。

ほとんどのセールス訓練プログラムでは、「お客様を知ろう」という言葉がお題目のように唱えられる。世界中どこでも、市場に出ている商品を買っているのは圧倒的に女性だ。アメリカでは、女性が消費材全体の八〇パーセントを購入するか、その決定に大きな影響をおよぼしている。ところが製品を市場に出し、女性に売っているのは圧倒的に男性が多い。フォーチュン五〇〇企業の役員の八五パーセント、マーケティング最高責任者や販売管理担当重役の大半、主要な広告会社のクリエイティブディレクターの九〇パーセント以上が男性で占められている。

非常に大ざっぱにいってしまえば、男性は製品をつくる側、女性は買う側だ。それはそれでかまわないが、ひとつだけ問題がある。ほとんどの男性は、女性のことをわかっていないのだ（女性も男性のことをわかっていないが、それはまた別の本のテーマになる）。そして驚いてしまうのは、たいていの人は実生活で男女のギャップを身にしみて知っているのに、そうした男女差をビジネスに活かそうとしないということだ。

この本は、ビジネススクールでは教わらないこと――女性の消費者を満足させる製品、宣伝、マーケティングキャンペーンとはどのようなものかを示すために書かれた。女性はまず第一に女性であり、第二に消費者である。その脳の仕組み、優先順位、世界観、人口動態のパターンを理解できれば、あなたの会社はかつてない競争力を備えられるだろう。

これまでの常識はほとんどがまちがい

現代の企業社会がつくられたとき、女性は力のある立場にはいなかった。そのせいで、女性についての不正確なステレオタイプが、ごく一般的になってしまった。つまり、マーケティングや販売、プロダクトデザインで当然のように受け入れられていることの多くは、実は男性のものの見方にもとづいているということだ。そして多くの会社が、自社製品の最大の消費者が女性であることを知っていながら、経営陣は相変わらず男性の視点から女性向けの製品をつくり、マーケティングを続けている。

この本が生まれるきっかけとなった出来事のひとつ、「アグリー・スナグリ」を例にとってみよう。

それは二〇〇三年のこと。場所はオハイオ州デイトン。私は当時在籍していた広告会社の同僚三人と一緒に、イーブンフローの本社にいた。同社はベビー用品のメーカーで、私たちにとって最大のクライアントのひとつだった。主力商品はスナグリのベビーキャリア、つまり赤ちゃん用の抱っこひもである。両肩にかけて使うタイプで、見た目にはリュックサックを前につけている感じだ。その売り上げが次第に先細っているということで、テコ入れのために私たちのチームが呼ばれた。当時、ベビービョルンなどヨーロッパのブランドが勢いを増して、スナグリの地位を脅かしつつあった。巻き返しの戦略が必要だった。

イーブンフローのチームは会議テーブルの真ん中にスナグリを置き、なかのひとりがこういった。「この製品をもっとPRする方法を見つけなければ、小売店で置いてもらえる棚がなくなってしまいます」

テーブルの上の布地のかたまりを見下ろしたとき、はっきりわかることがあった。これはいくらPRをしてもむだだろう。全体が暗い茶色で、内側はおじいさんのシャツのような格子縞なのだから。

「これは醜《アグリー》いスナグリね」。私は一同に向かっていった。「売れないのはそのせいです」

間の抜けた忍び笑いの声（おもに私の）がひびき、やがて沈黙が落ちた。みんながまた目の前の、ぼってりしたキルトのかたまりを見つめる。やがて、プロダクトマネジャーのひとりが口を開いた。

「重要なのはですね、これは最高度の安全性を備えたベビーキャリアだということです。アンダーライターズ・ラボラトリーズの安全基準をすべて大きく上回っていて、一二キロの重さまで支えることができる。ライバル社のどの製品よりもすぐれた伸張強度をもっています」。全員が耳をかたむけ、うなずいた。機能に関してはまったく問題ない。強くて安全なだけでなく、実用性もある――ポケットや鍵入れもついているし、背中のストラップをスライドさせることで高さの調節もできる。

私は広いテーブルを見回した。これまで何度となく見てきた場面だった。テーブルの広告会社側は全員が女性、クライアント側は大多数が男性。あのなじみの感覚がよみがえってきた。男女をへだてる溝、いや深い谷がそこにあった。そこで私はポイントを整理していった。「この製品は女性が身につけるものです。服とおなじなんです。それなら、女性に選ばれる服のように、スナグリもファッショナブルでなくてはいけません。趣味が問われるんですから。もっと違ったスタイルが必要なんです」。そのスナグリの生地は、やぼったいだけでなく、ひどくかさばっていた。子どもを産んだあとの母親が何よりいやなのは、自分がよけいに大きく見えるようなものを身につけることだ。

また沈黙があった。やがて笑顔が浮かんだ。何人かがうなずく。会議室の全員の頭の上に、ぽっと電球がともるのが見えたようだった。そうか、この製品は身につけるものなんだから、機能的というだけでなく、ファッショナブルで、身につけて楽しいものでなきゃいけないんだ！　男性中心のイーブンフローのチームは技術者らしい発想をし、私たちは女性らしい——つまり顧客とおなじ発想をしている。そのことがわかって、みんなが笑い声をあげた。さっそくスナグリの新しいデザインに着手しようということで、クライアント側の意見は一致した。

この会議のあと、イーブンフローは私たちが推薦したファッションデザイナー、ニコル・ミラーを起用し、市場でのテスト用に、ファッション性を前面に押し出した限定品を開発した。ミラーのデザインは、黒の布地に白のパイピングをほどこした、スマートなユニセックス仕様だった。私たちはこのスタイリッシュな新スナグリを、赤ん坊のいる芸能人たちに送った。すると私たちも知らないうちに、これを身につけたコートニー・コックスやケイト・ブランシェットの写真があちこちの雑誌に載りはじめた。グウィネス・パルトロウからは、なんと娘のアップルちゃんの名前で、イーブンフローあてに感謝の手紙が届いた。

その後、このスナグリはオプラ・ウィンフリーの番組で、出産を控えた母親への賞品に選ばれ、オンラインでも売り出された。ニコル・ミラーのプロジェクトからまもなく、イーブンフローは新CEOにロブ・マテウッチを登用した。P&Gに二十七年間在籍し、クレイロールの社長もつとめたマテウッチは、女性から学ぶことのできる男性でもある。彼が着手したブランドの改革は、現在も着々と進められている。

何が変わったか？ 同社はいま、女性のブランドマネジャーや技術者を起用し、母親たちと直接交流することで、スナグリのデザインについてのフィードバックを得ている。社内のファッションディレクターたちは、生地や色使いの流行を知るためにパリやミラノまで出向いていく。ブランドチームは母親たちのブログやコミュニティのサイトをチェックし、顧客のニーズや意見をつねに把握しようと努めている。要するに、女性を理解することが、全社員の職務となっているのだ。

なぜ「女性」の理解が大事なのか

スナグリの会議を終えたあと、私は飛行機の座席にすわって考えていた。どのクライアントも、女性の視点から自社の製品やマーケティングキャンペーンを見ることができれば、成功にぐっと近づくだろう。私が一緒に仕事をしてきた男性の経営者たちは、奥さんの買い物につきあうのをとっくの昔にやめてしまった人たちばかりだった。牛乳一パックの値段をたずねても、ほとんど答えられないだろう。自分では家の買い物もしない男性たちが、買い物をする当事者たちの心をつかもうと日々努めているのだ。

また、私の見るところ、経営者はえらくなればなるほど、顧客との距離が遠くなる。そして数量調査のレポートや広告会社の説明、フォーカスグループからの報告といった二次情報や三次情報にもとづいて決定を下す。何より重要なのは、経営者の圧倒的大多数が男性であるため、性別という大きな障壁にへだてられていることだ。情報を解釈するうちに、多くのニュアンスが失われてしまう。問題は、頭の切れる善意の経営者でも、たとえば消費者調査に女性を起用するか、二つ三つの管理職に女性を置いておくかすれば、男女の差はちゃんとカバーできたと思いこんでしまうことだ。現実はだいたい、そうはならない。

その理由のひとつに、女性の企業幹部も、男性とおなじように、旧態依然としたビジネスの知恵を教えこまれていることがある。彼女たちは自分の正しい直観とはうらはらの行動をとったり、せっかくのアイデアを口に出さずに飲みこむことも多い。女性であることを前面に出すと、職場では不利になるのではないかと感じるからだ。

だが、もう疑いようはない。最大の消費者を理解しようと努力する会社こそが、勝ち組になりつつある。本書を読めば、そうした会社がビジネスのルールを変えていること、市場を支配し、業界の再編成をうながしていることがおわかりになるだろう。メソッドやルルレモンのような新興企業から、P&Gやマスターカード・ワールドワイドなどの大企業まで、男女の差を熟知し、ライバルたちに水を空けている会社がある。そういった最良の例を見れば、あなたの会社が進むべき道筋が見えてくるだろう。

無視できない脳の性差

世界や、世界にあるすべてのものをどのように見るか、性別はそれを最も大きく左右する。そこには年齢、収入、人種、地理的条件などを上回る違いがある。

脳はまだまだ解明の進んでいない器官だが、ひとつたしかなことがある――ユニセックスの脳は存在しない。最新の研究によると、人間の脳には「性的に二形性の」部位、つまり男女ではっきりと違った場所があるという。人間の意思決定プロセスをつかさどるホルモンは複雑で、男女によって異なっている。あらゆる動物の行動は生物学的な仕組みに左右され、ジャコウネズミだろうとレイヨウだろうと人間だろうと、その事実は変わらない。

この本ではまず、脳の男女差が実際の生活にどんな意味合いをもつかを調べる。つぎに、それらの意味合いが、モノを買うという決定や、製品のデザイン、広告、店の環境に対する反応に、どのような影響をおよぼしているかを述べていく。

消費者調査は「木を見て森を見ない」

どんな調査にもそれぞれの長所があるが、私たちは当たり前のことを見落としがちだ。たとえば企業は、けっこうな額のお金を注ぎこんで、ターゲットとなる消費者について知るために、いろいろ手を尽くそうとする――「消費者の購買傾向の分析」「消費者の所得に応じた区分け」「年齢グループによるターゲット設定」「調査パターンの再構築」「メディアに接する習慣の調査」などを行なうのだ。

ところが、そんなふうにデータを切り刻んでいくうちに、次第に視野が狭くなり、たったひとつの情報をつい見落としてしまう――消費者の性別を。

人間にはたった二つの性しかなく、その一方の側がほとんどの買い物をしている。そして男性と女性でものの見方が違うことはだれでも知っているのに、信じられないほど多くの会社が、その事実を見過ごしている。

ある製品Xを、男性ではなく女性に売るとしたら、方程式のどこが変わるだろうか？　答えはこうだ――方程式全体がそっくり、よくおこなわれるような表面的な調査よりもずっと深い部分で変化する。

4章を読めば、P&Gが女性中心の調査プログラムを考案した結果、床用ワイパーのスウィッファーといった大ヒット商品が生まれて株価が高まり、世界有数の革新的な会社という地位がさらに強化されたことがわかるだろう。

気づかない「フィルター」の存在

人間はだれしも、自分のやることは普通だ、変わっているのはほかの人たちだと考える。男性も女性もそれぞれのフィルターを通して、異性がどんな製品やブランドメッセージ、セールス環境を求めているかを考え、判断を下す。しかし男性の経営者と女性の消費者に支配される企業社会では、この誤解のもたらす結果は大きく、また高くつく。

女性は男性とは違った雰囲気、スタイル、刺激に強く反応する。そして自分の経験のさまざまな側面に男性とは違った価値を与える。大がかりなマーケティングキャンペーンは、その大部分が男性のフィルターを通したあと電波に乗せて流される。そのことが、女性の心をつかもうとする会社に大きな影響をもたらすのだ。女性が人生で出会う経験をうまく活用することに成功した会社、たとえばマスターカードの教訓は、5章で紹介しよう。

見えにくい女性文化の理解が肝心

人は一生を通じて、きょうだい、親子、配偶者、友人、同僚などの異性と一緒に暮らすけれど、女性たちは女性特有の文化のなかで生きている。独自の行動基準、言語、優先順位、価値体系をもつこの文化は、肉眼では見えないし、男性には犬笛の音のようになかなか聞きとれないものだ。

女の子は生まれたときから男の子とは違ったかたちで社会化させられ、大人や社会から受け取る行動の基準やメッセージも、男の子とはまったく違っている。この本では女性文化の基本原則を検討し、個人の例をあげて女性の価値を学んでいく。その一方で、男性文化のほぼ完全な縮図である軍隊についても見ていく。そうすれば、自分のおこなっているマーケティングやコミュニケーションを、新しいフィルターを通して眺められるようになるだろう。そして女性消費者と関わりをもったとき、自分のやっていることが女性の目から見て的外れかどうか判断できるようになるはずだ。

大きなチャンスにつながる五つの傾向

あらゆる分野で女性の購買力が増したことで、消費パターンだけでなく、社会的にも大きな変動が起こっている。この変動が新しい製品やサービスのニーズを生み出し、それがきわめて大きな可能性をもつようになった。働く女性が増え、結婚が遅くなり、離婚率が増加し、独身で過ごす時期が長くなり、高齢化の進むいま、こうした人口動態の変動がビジネスにおよぼす意味を理解している企業には、たいへんなチャンスが訪れている。

この本では、世界中の女性に生じている五つの傾向を示していく。そうした情報は、長期プランニングの青写真に利用できるだろう。マクロな世界的傾向がそれぞれ、多くのミクロな傾向を生み出し、それが女性の行動を変え、ひいてはニーズや欲求まで変化させているのだから。

年齢よりも重要なライフステージ

女性はその人生で、結婚や出産など共通の経験をするとしても、年齢的には幅がある。結婚、出産の平均年齢はどんどん高くなっていて、「いまの四〇歳は昔の三〇歳」「いまの五〇歳は昔の四〇歳」などといわれる。何を買うかの決定を根本的に左右するのは、そのときにその人の人生に何が起きているかであって、暦の上での年齢ではない（ただし、身体にじかに関係する医療品は別）。

たとえば、現在では、四〇歳で初めて子どもを産み、新たに母親というライフステージに乗り出していくことも大いにありうる。そのあと二〇年間、彼女のライフステージが求める消費のパターンは、たとえ同世代でも孫のいる女性や、子どものいない女性とは違ったものになるだろう。このように、ライフステージは、きわめて多くの製品カテゴリーで、ある人のニーズや購買パターンを年齢よりも正確に測れるものなのだ。

知識をビジネスに応用するために

男性にとっても女性にとっても、おたがいの差を仕事の場で活かしていくような戦略を定めるのはなかなかむずかしい。この本では、まるで外国の市場に進出するように、女性の消費者に一歩ずつアプローチしていく方法を説明している。多くの人にとって異性は、外国なみにわからないことだらけだからだ。

成功した会社の男性幹部を調べていけば、たとえ女性でなくても効果的なマーケティングをおこなって女性に商品を売ることができるとわかるだろう。このあとの各章でまとめられた、人口動態の傾向、ジェンダーの心理学、女性の脳にまつわる新しい研究、産業界のリーダーの知恵、現場で実証されたビジネス業務などは、女性に向けて製品をつくり、市場に出し、売るために必要なツールとなってくれる。

オフィスマックス、ベスト・バイ、ソニー、トゥルーバリュー・ハードウェア、さらにはハーレーダビッドソン——これらは女性にターゲットを置くことを公にした企業のほんの一部である。ありがちなミス、最良の作戦など、すぐにあらゆるビジネスに取り入れられる情報も学べる。あなたが実際に見てきた男女についての基本的な事実を受け入れ、それを新たなかたちでビジネスに活かすうえで、この本はきっと役に立つはずだ。

イントロダクション　女性を理解するものがビジネスを制する――3
これまでの常識はほとんどがまちがい　6
なぜ「女性」の理解が大事なのか　10

1章　女性は金の鉱脈――ビジネススクールでは教わらないこと――23
妻や恋人の話についていけますか？　25
ある缶詰のキャンペーン　28
「性差」と「平等」は別問題　30
車の広告に見られる盲点　31
女性はマーケティングに不満を感じている　32
家族全員がｉＰｏｄをもてるのは　34
女性文化と海外市場　35
木を見ながら森も見よう　36
数字で見る女性の影響力　39
チームに女性を迎えるだけでは不十分　43

2章　男女の違い、五つのポイント──脳の性差からわかること──45

男女の脳はどこが違うか　47
男女の違い①女性と男性では、「達成」の定義が違う。
男性は、独立した存在になろうと努める。
女性は、かけがえのない存在になろうと努める。　51
男女の違い②女性は自分の気持ちを語り合い、
弱いところを見せ合うことで結びつく。
男性はおなじ活動にたずさわり、
自分の弱みを隠すことで結びつく。　61
男女の違い③女性は男性よりも口が立つ。
女性は細かな点に注意を向け、
製品やサービスへの愛着の気持ちを友人たちに伝えようとする。　71
男女の違い④女性は楽しい経験でも不快な経験でも、細部の記憶にすぐれている。
科学者によれば、その理由は、
女性の海馬（脳のなかの記憶と学習の座）が大きい点にある。　74
男女の違い⑤女性は争いの場面を避ける。男性は感情的な場面を避ける。　78

3章 女性の買い物を変える五つの世界的トレンド――83
世界的トレンド① 労働力の女性化 86
世界的トレンド② 結婚年齢の上昇が「自分のためのお金」を増やす 101
世界的トレンド③ 出生率の低下が、少ない子どもにたくさんのモノを与える 106
世界的トレンド④ 離婚経済学 110
世界的トレンド⑤ 高齢の女性たちの存在が、ターゲットの設定を見なおさせる 117

4章 女性の心をつかむ商品をどう生み出すか――139
ピンクは戦略ではない 141
「スウィッファー」の教訓：新製品は日常の観察から生まれる。
•神話：女性はほしいものがあれば、それを言葉で伝える。
•現実：女性自身も気づいていない欲求が、行動に隠されている。 142
「ヴィーナス」の教訓：男性と女性では、おなじ製品でも使い方が違う。
•神話：剃刀は剃刀だ。
•現実：男女の違いに取り組めば新たな収益につながる。 152
フィリップスの教訓：みずからの弱点を知れば道は開ける。
•神話：男性用品のブランドは女性をひきつけられない。

●現実：女性をひきつける方法を知っているブランドと組めば、それは可能だ。 157
ライランド・ホームズの教訓：女性がほしがらなければ、男性は手が出せない。
●神話：夫婦のいる家庭での大きな決定は、すべて男性が主導する。
●現実：女性が拒否権をもっている。 163
キャロウェイ・ゴルフの教訓：女性は停滞している業界に活力を吹きこむ。
●神話：ゴルフは「男性のゲーム」だ。
●現実：適切な用具と快適な環境さえあれば、女性は自分が参加するだけでなく次の世代も連れてきてくれる。 172

5章 女性にアピールするマーケティングとは―― 181

パロディ本に表れる本音 184
女性向けマーケティングでは「よいストーリー、プライスレス」 185
小さなブランドのマーケティング戦略 190
オンラインとオフラインを統合する 196
女性の共感はどこに生じるか 201
PRでは、情報源が重要 210
女性ブロガーを通じてメッセージを広める 213

製品を差別化できない場合はどうするか　217
愛のあるカスタマーサービスの実例　224
カスタマーサービスとはマーケティングである　228

6章　最後の一歩——販売の現場に必要なもの——231
対面販売で押さえるべきポイント　233
「買うわ」といわせるテクニック　239
レクサスが女性をひきつける理由　246
店舗環境のすばらしさで売る　254
女性にやさしい小売店の原則　257
ルルレモン・アスレティカ——「小売店でない小売店」　260
網《ウェブ》にからまらないために——オンラインで女性をひきつけるには　264

7章　未来は女性である——知識をビジネスに活用するために——271
どのように始めるか　273

1章

女性は金の鉱脈

ビジネススクールでは教わらないこと

女性が実質的に世界経済を後押しする一方で、企業上層部の決定はおもに男性がおこなっている。つまり、女性向け製品のデザインとその承認、女性向けのマーケティングキャンペーン、女性向けの小売環境、女性に「買うわ」といわせるための販売トレーニング・プログラムなどがあるとして、その最終判断を下すのはたいてい男性だということだ。

彼らは、利益目標が達成できず、製品の売れ行きが悪く、マーケティングの効果があがらないとき、性別が問題なのではないかと考えることはめったにない。「われわれは女性客を理解できていないのかもしれない」と考えるかわりに、メディアミックスの手法がまずかった、流通戦略が効果的でなかった、広告会社がちゃんと仕事をしなかった、などと自分にいい聞かせるのだ。しかし実際には、別の要因がある。女性と男性では、ものを買うときの意思決定の仕方が違っていて、それがおたがいによくわからないということだ。

こうしたことが起こるのには理由がある。人が生まれた瞬間から、性のアイデンティティは人格の発達に重要な位置を占めている。男らしさはしばしば、「女っぽくないこと」と定義される。男の子は小さなころから、仲間や社会全体の目から見て女っぽいとされるものを拒絶するか抑えこむことを学ぶ。女性らしいものを避けたりバカにすることで、男らしさを示していくようプレッシャーをかけられるのだ。

そんな調子で二二年ほどたち、多くの男性が大学を卒業して就職すると、いきなり、ターゲットの女性層と自分を重ね合わせてモノを売るような仕事につく。たとえば、おむつ製品のジュニアブランドマネジャーになるとする。それでも男女差に関して正式な訓練を受けることはなく、同僚や販売代理店の人たちから非公式にその知識を吸収するよう期待されるのだ。

従来の成功には、試行錯誤と抜け目なさ、それに消費者調査がつきものだった。しかし多くの企業が売り上げに苦しむこの時代に、そんな古い公式は当てはまらない。消費者主導の会社はいまや、女性心理を理解しないかぎり生き残れない。こと個人消費に関するかぎり、その命運を握っているのは女性なのだから。経営者は技術リテラシーにくわえて、女性リテラシーを身につけなくてならない。

妻や恋人の話についていけますか?

ちょっと考えると、これはとんでもなく大きな問題に思える。男女はたがいにどこまでわかりあえるのか? 私はこの本を書くにあたって、男女の溝の深さを測るために、いろいろな業界の男女の経営者たちと話をしたが、よくも悪くも、みな似たりよったりだった。

「女性が興味をもつことといったら、まるでわけがわからないよ」。ある経営幹部はそういう。

「たとえば先日、新しいスーツを買って会社に着ていったんだが、家に帰ると妻が真っ先にこう聞いてきたんだ、〝だれかその新しいスーツのことで何かいった?〟とね。信じられなかったよ。だれも何もいうわけないじゃないか。服のことなんてだれも気にしやしないし、まして何かいうなんてありえない。だいたいいつも不思議でしょうがないんだ。だれかの家に行くたびに、妻は新しい家具やら、壁に新しい絵が掛かっているのに目をとめている。だが、帰ってからそんな話を持ち出されても、私にはなんのことやらさっぱりわからない。気づかないというより、どうでもいいんだよ」

こうした男女のギャップがビジネスにどういった影響を与えるかは、すぐに見当がつく。最近シアーズに行かれたことはあるだろうか？　時代遅れの装飾、はがれかけたペンキ、さえない設備などは、女性客を遠ざける要因なのだが、以前は力のあったこのデパートは、頑として店舗を新しくしようとせず、結果的に株価も市場シェアも低迷している。

このように、ある会社の製品やマーケティングキャンペーン、セールス環境には女性たちが嫌う点がいろいろあるかもしれないのに、経営者たちがひとつも注意を向けない、あるいは取るに足りないものと見てお金をかけない、といったことが現に起こりうるのだ。

あなたの会社にとって女性客が重要なら、収益を上げるためには、女性たちの話すことにたっぷり耳を傾ける必要がある。だがこれは、口でいうほどかんたんではない。

「女性のグループと一緒にいても、正直なところ、あまり長いあいだ会話を聞いていられない」と、ある経営幹部はいう。「がんばってはみるんだが、どこの夫婦仲が悪いだの、だれが精神的にまいってるだの、だれの新しい髪型がすてきだのといった話には、どうにも興味がもてなくてね。部屋を出ていくか、耳を閉ざすかしてしまう。十二歳になったころ、姉たちに囲まれて暮らしているうちに、そうすることを覚えたんだ。ひとりでガレージに行ってゴーカートをこしらえるのが逃げ道だった。いまは地下室にビリヤード台を置いてあるよ。仕事でも、女性消費者についての調査はいろいろあるが、話を聞いているのがたいへんでね。やたら込み入っていて前に進まない。私が知りたいのはただ〝ポイントは何か？〟だ。それがわかれば解決策を考え、結果を出して、先へ進める。だが、女性が求めるものをつきとめるのは容易でないし、ときどき安直な方法に逃げてしまうこともあるよ」

表現は多少違っても、これとおなじような意見はあらゆるビジネスマンの口から聞かれた。男性は、女は何も大事なことを話していないと考える傾向がある。実際には、ありとあらゆる大事なことを話しているのに。

男性が、愛する女性の会話にすらなかなかついていけないのなら、仕事で女性消費者の気持ちや願望を聞かされるときにどうなるかは、想像に難くない。たいていの男性は女性のややこしく情緒的な「むだ話」について議論するのを避けたがるが、それはビジネスにおいても、女性をターゲットにした戦略で安直な方法をとり（たとえば何も考えずに製品をピンク色にする）、ステレオタイプな広告に頼りつづける、といったことにつながる。

女性の会話がつまらないと思っていらっしゃる方は、そろそろ認識をあらためる時だろう。ディテールに富んだ女性の会話のなかには、女性が何を求め、何を望んでいるかを知り、ひいてはあなたの会社の収益を増やすためのカギが隠されている。

ある缶詰のキャンペーン

トレイとスティーヴというふたりの男性の話をしよう。どちらも年齢は二十代、仕事はクリエイティブ・マーケティング・コンサルタントで、缶詰業界の仕事を請け負うことになった。クライアントは、小さな子をもつ母親をターゲットにした新しいキャンペーンを展開したいという。トレイとスティーヴの立てた戦略は、この製品を近年最大のヒットとなるおしゃれな缶詰にするというものだった。クライアントには決していわなかったが、この戦略の背後には、ふたりのこんな思いがあった――「缶詰の仕事なんかしなきゃならないなら、せめてクールなものにしようぜ」

ただひとつだけ、問題があった。世の中の母親たちがものを買うとき何が決め手となるか、彼らはまるで不案内だったのだ。というか、実はあまり興味がなかった。このふたりには、何がクールかという自分たちなりの考えがあり、母親であることはそのなかに入っていなかったからだ。

今どきのクリエイティブ部門の若者らしく、トレイもスティーヴも典型的な独身貴族のライフスタイルだった。冷蔵庫は半分空っぽで、あるのはビール、チーズ、ケチャップといった「都会暮らしの」必需品だけ。夕食にはテイクアウトの料理を買って帰る。小さな子どもをもつ母親の日常生活なんて、チベット僧の暮らしほどにも遠いものだった。ふたりとも、男性ばかりのクライアントチームから渡された、ターゲットについてのレポートを読みはしたが、いざ戦略やアイデアを練るときには、本能と直感に頼っていた。クライアント側も、その点ではおなじだった。

こうして彼らが推し進めたコンセプトは、とても「先端的」だけれど、肝心のターゲットである女性たちを遠ざけてしまう危険があった。だが彼らには、その危険が見えなかった。トレイとスティーヴ、クライアントにとって、そのコンセプトは当たり前のもので、とりたてて男性的ではなかったからだ。

結論を急ごう。このキャンペーンはなんの効果もあげなかった。クライアントはほどなくふたりの会社との契約を解消し、つぎの広告会社に希望を託した。トレイにもスティーヴにも、そしてクライアントにも、失敗の原因は女性への理解不足にあるのではないか、という考えはかけらも浮かばなかった。

このキャンペーンの例は、私が広告会社の一員として一緒に仕事をしてきたいくつかのチームの話をまぜあわせたものだ。現実には、すばらしく洞察力に富んだ男性たちももちろんいた。だがいまだに、このトレイとスティーヴのようなエリートは、あらゆる年齢層にわたって少なからずいる。気持ちを通じ合わせなくてはならないターゲットを、まったく理解できていない男性たちだ。でもいちがいには責められない。だれもそれを教えようとしないのだから。ほとんどの会社は、もっぱら女性消費者に依存しているというのに、女性の心理を学ぶための正式なシステムがない。ほんとうは組織図のどこかに、なくてはならないはずだ。

「性差」と「平等」は別問題

こんなふうに思っている人たちもいる――男女の差がどうのなんて話、時代遅れだろう。いまはみんな平等だ。ジェンダーなんて七〇年代的すぎるよ！　いまや女性の大卒者は男性よりも多いし、フォーチュン五〇〇企業には女性CEOも（何人か）いるし、国務長官も女性のヒラリー・クリントンだ。「職場では女性に囲まれてるよ！」という男性もおおぜいいるだろう。

しかし問題は別なのだ。ここでとりあげているのは、女性の昇進をはばむ壁の問題ではない（たしかに、それはまだ存在するけれど）。この本の目的は別のところにある――あなたが女性の目を通して自社を眺められるよう、そしてだれも気づかないうちに会社の業績を落とす原因となっている盲点をつきとめられるよう、お手伝いすることだ。

この世界には、目に見えない女性文化が存在する。本書を読むことで、男性女性を問わず、その文化をつきとめ、理解し、活用して、おたがいに――つまりあなたと、あなたの顧客である女性たちの両方が幸せになってほしい。不安定な経済のもとで、女性たちが財布のひもをさらに堅く締めているいま、彼女たちへの理解は急務となっている。

車の広告に見られる盲点

男性にとってはわくわくする言葉やイメージも、女性にはネガティブな反応を引き起こすことがある。これはビジネスに壊滅的な打撃をもたらしかねない誤解だが、現実の広告、とくに自動車の広告ではしばしば見られる。たとえば、フォード・フレックスSUVの紙媒体キャンペーンを見てみよう。写真は、暗闇のなかをドライブする場面。見方によっては恐ろしげにも、刺激的にも感じられる。コピーはこうだ。

> フォード・フレックス——真夜中《デッド・オブ・ナイト》のCPR
> 　ちょっと想像してみてください。たとえば三列シートなのに、足回りが敏捷《びんしょう》で、冷蔵庫が標準装備、しかも二四mpgの、だれもが振り返る車があったとしたら？　この新開発のすばらしいフレックスを、fordvehicles.com で見つけてください。

さて、どうだろう。この車はシートが三列あって、七人乗りだ。冷蔵庫もついている。私にはファミリー用の車だと思える。つまりは女性が買うか、購入に影響をおよぼす可能性が高いということだ。それなら、CPRだの、「デッド」だのという言葉は使うべきでないだろう。刺激的な広告なのはたしかでも、いい意味での刺激とはいえない。

アメリカの自動車市場は、男性的な視点から描かれた広告だらけだ。この国では半分以上の車を女性が買っていて、そうした広告が女性向けメディアにもしょっちゅう登場するというのに。顧客の嗜好を無視していることが業界の衰退を招いているという考えは浮かばないのだろうか。

アメリカの車は、まぎれもなくサイズとパワーを尊ぶ文化の結晶で、連想ゲームをすれば、かさばる、馬力、ガソリンを食うといった言葉が浮かんでくる。アジアの輸入車でおなじように連想されるのは、小型、小回りがきく、実用的といった「女性的な」言葉だろう。

デトロイトがこの数十年間、消費者の好みの変化に乗じるチャンスをみすみす逃してきたのは、だれの目にもあきらかだ。

女性はマーケティングに不満を感じている

女性が家庭用の消費の大半を決定するか、影響をおよぼしていることは、秘密でもなんでもない。どこの家庭でも女性がいちばん買い物をする。自分自身のものを買うだけでなく、夫や子どもも、友だち、親戚、同僚、そしてしばしば年老いた両親の買い物まで引き受けているため、その購買力と影響力は何倍にもなる。

ところが調査によれば、女性たちは相変わらず、マーケティングの担当者から誤解され無視されていると感じている。最近のある調査によると、女性の四六パーセントが、「マーケティング担当者は私たちの気持ちをちゃんとくみとっていない」と感じているという。改善の余地はいくらもあるし、各ブランドにとっては、ライバルの拙《つたな》いメッセージを打ち破る絶好のチャンスだ。女性の心をつかむことの経済的な恩恵はもちろん、社会的、経済的意味合いの大きさも計り知れない。

実際ヨーロッパでは、ジェンダーへの理解が法制化されそうなところまできている。二〇〇八年に欧州議会は、マーケティングが男女の平等とステレオタイプ化にもたらす悪影響についての報告を、圧倒的多数で支持した。法的な拘束力はもたないものの、男女をとわず非現実的、性差別的な写真や映像を広告に使わないという新たなEU法が起草されることになるだろう。この新しい展開は、ちょっと立ち止まって考えるきっかけにはなりそうだ。

私がこれを書いているいまも、ありとあらゆる業界の人たちが、女性にアピールする製品やプログラムをつくりだす必要に迫られている。とくに男女の区別のないカテゴリーや、従来は「男性のもの」だった家電、保険、金融、そしてほかならぬ自動車業界などで、その傾向が強い。これは女性の購買力が過去にないほど強まったためだ。歴史的に見ると、女性はつねに、家庭用品を買うための非公式な権限（つまり、別のだれかの収入を使ってそうした品を買う責任）をもっていた。だがいまはそこに、公式の権限がくわわっている――なにしろ女性自身がお金を稼ぎ、家計を豊かにしているのだから。

家族全員がｉＰｏｄをもてるのは

女性の労働のおかげで、経済全体がうるおった。一九七〇年以降のアメリカ全体の所得の伸びは、女性が外で働くようになった結果だ。多くの女性が働きはじめる以前のアメリカでは、どこの家も車が一台、テレビが一台、ステレオが一台あるきりで、子どもたちは部屋を共有していた。その後、何百万という女性が労働人口にくわわり、そのぶんの所得の増加が、しだいに新しい基準をつくりだしていった。いまでは各家庭に二台以上の車があり、子どもにはそれぞれ自分の部屋とテレビ、コンピュータがあり、家族全員が専用の携帯電話とｉＰｏｄをもっている。先進国に住む私たちが慣れ親しんできた豊かさは、女性の所得によって実現されたものなのだ。

それだけではない。女性たちは消費のトレンドも動かしている――ぜいたく品の大量消費からデザイン重視、そしてＤＩＹへと向かう動きだ。さらにみずから世帯主である女性が増えているため、大きなものでも小さなものでも、女性が自分だけの判断で購入を決めるケースもめずらしくない。いま、世界の先進国のほとんどで、学士号を取得しているのは女性のほうが多い。したがってこの先、女性の購買力はさらに高まると考えられる。

社会的傾向、人口動態上の傾向は、世界中の女性に影響をおよぼしている。つぎの章でざっと説明するが、この傾向は今後二五年にわたって、女性が企業に望むもの、求めるものを規定していくだろう。以降、本書では、つぎの四つを明らかにしていく。①女性の購買力についての最新データをお伝えする。②女性がこの世界を、そして世界にあるすべてをどのように見ているかをお教えする。③きわめて重要な人口動態上の傾向のあらましをお知らせする。これはあなたが長期的なプランを立てるうえで役立つだろう。④現実にあった実例を検討していくことで、この本のコンセプトを生きたものにする。さらにあなたの社に応用できる実用的なコツや戦略もお伝えできればと思う。

女性文化と海外市場

女性文化を理解し、それを活かして利益に結びつけようとするなら、いちばんの近道は女性文化を外国の市場とおなじように見ることだ。世界中のどんな国にもそれぞれ公式の言語、文化基準、儀礼がある。これはおおむね男性と女性にもあてはまる。私たちはみんな生まれた瞬間から、それぞれの性の目に見えない文化に包みこまれる。そしてあまりにも身近にあるために、異性もそれを知っている、理解していると思いこんでしまう。その誤解から、ビジネス上の失敗も生じてくる。

たとえば家電製品を売る場合には、技術的な情報が強調される。よほどのマニアでないかぎり意味のない情報だし、そういうマニアはたいてい男性だ。ビジネス広告では、サービスを売るのに戦争用語を使い、「敵」を示すありとあらゆる言葉で同業他社をなぞらえる。カスタマーサービスに電話をかけると、関係のないオプションをいくつも押しつけられ、しまいには受話器をたたきつけたくなる。女性が新しい仕事のためにブラックベリーを買いにいくと、服に合ったアクセサリーではなく、絶対に使わないようなベルトクリップを渡される。毎日毎日、ほとんどあらゆる業界で、男性と最大の消費者たちとのギャップが見過ごされ、活用されずに終わっているのだ。

しかし明るい面を見れば、この状態を改善することで、結果的に売り上げを伸ばせるチャンスがまだ無限にあるということだ。それは、決してむずかしいことではない。女性の視点から世界を眺める訓練さえ積めば、おのずとわかってくるはずだ。

木を見ながら森も見よう

ここで、これまでの話をまとめてみよう。

- 女性が消費行動を後押ししている。
- 女性向けの製品を製造、販売している大企業を見ると、そのほとんどの上層部は男性で占められている。
- 男性と女性は非常に違っているので、たがいにコミュニケーションをとるのに苦労することも多い。

●こうした違いを理解すれば、ライバルに大きな差をつけることができるが、そのためにはきめ細かな見直しが必要になる。

●男女のギャップは、チャンスを失い収益を減らす原因となる。この点は教育や訓練を通じて広く伝えるべきだ。

こんなふうに順を追って考えるとかんたんなことに思えるが、多くの会社はいまだに木を見て森が見えていない。その主な理由は次のとおりだ。

●男女平等の意識が強すぎて、女性どうしでも、性差について社内で自由に議論する空気が抑えこまれる。

女性の昇進をはばむ壁がいまだに存在しているせいで、どんな状況であれ、職場では男女差について議論するのがはばかられる。女性はこの数十年間、けんめいに働きつづけ、男女が同等であることを証明してきた。そのために、自分たち女性が劣っているだとか弱い存在だと見られるのを恐れるあまり、男女の違いを指摘することをためらうのだ。

一方の男性も、女性に対して差別的だと見られたり、セクハラをしているととられるのを怖がって、こうした話題をもちださない。本書の目的のひとつは、男女がおたがいの違いを尊重、評価、活用して、ともに成功をめざすことにある。違いが存在しないふりをすることは、だれのためにもならないし、ひいては会社の足をひっぱりかねない。

●男女の脳の違いを生物学的に解明しようとする研究は、比較的新しい分野で、一般の人たちやビジネスの世界にはまだ浸透していない。

歴史が始まってからほぼずっと、医者や科学者たちは、人間の器官は生殖器をのぞき、男も女も基本的にすべておなじだと考えていた。いまでは、男女の脳にはあきらかな違いがあり、その違いが人の行動やものの見方に影響をおよぼすことがわかっているが、こうした理解はまだ、ビジネスにはあまり生かされていない。

●大学のビジネス課程やMBAのプログラムで、男女の差が広く教えられることはない。

性差の認識不足は、こうしたところから始まっている。男女の行動の違いが、とりわけ製品の製造やサービスおよびマーケティングにどのような意味をもつかといったことは、学部やMBAのレベルでは、たとえ紹介されるとしても表面だけだ。また大学のジェンダー研究の課程でも、おおむねウーマンリブ運動の政治的意義を振り返るばかりで、女性の購買力がビジネスにおよぼす意味などは扱わない。

●魚は最後まで海を知らない。

この中国の古いことわざが示すように、女性も男性も、自分たちの優先順位や行動を当たり前のこととみなす。そのために男性の意思決定者たちは、女性客も自分たちとおなじ好みや優先順位をもっているとつい信じこんでしまうのだ。

数字で見る女性の影響力

食品、健康と美容、家庭用品といった消費カテゴリーでは、女性が製品の選択と購入を支配していることは周知の事実だ。ところが、従来はなかったカテゴリーや、もとは「男性のもの」だったカテゴリーでも、女性の影響力が上昇している。いまや高額商品はおもに男性が買うという思い込みはまったく時代遅れだ。以下の数字を見ていただきたい。

衣料　六五パーセントを女性が購入。

この数字が高いのは、女性が自分の服と子どもの服にくわえて、夫の分も買っているためだ。ここで重要な問題は、「うちの製品の最終消費者《エンドユーザー》はだれか?」だけではなく、「うちの製品を買っているのはだれか、その人間はエンドユーザーとは違うのか?」になる。

自動車　トラックもふくめ、全新車の五二パーセントを女性が購入（八〇パーセントの購入に影響をおよぼす）。

女性は自分のため、そして運転できる年齢になった子どものために自動車を買う。さらに夫がほしがる自動車の「拒否権」ももっている。だが、やたら男性ホルモンにあふれた自動車広告や、たいていのディーラーで経験する苦痛なカスタマーサービスからは、そうした認識は伝わってこない。内装や雰囲気の点でも、快適にはほど遠い。

家電　四五パーセントを女性が購入（女性の影響は六一パーセント）。

電化製品の場合も、家庭での浸透率は、男女でほぼおなじだ。ただしいくつか例外はあり、携帯電話を買うのは女性のほうが多く、ナビゲーションシステムを買うのは男性のほうが多い（男性が道順を聞こうとしないことと関係あるのだろうか？）。女性は家電を評価するときに、しばしば独自の基準をもちいる——たとえば、その品が実際に使われているところを思い浮かべるのだ（「このテレビはリビングの壁には大きすぎないかしら？」「このカメラはバッグに入れるには重すぎない？」「うちの子たちもこれを使えるかしら？」）。とくに高価な製品を買うかどうか決める場合、女性にとって、その使用環境は大きな比重を占める。

健康管理　家族の健康管理の八〇パーセントを女性が決定。

ほとんどの女性は家族のだれかが病気になると真っ先に反応する。だれよりも熱心に看病をし、健康管理の役割をひきうける。男性向けの医療品に関わることでも、医者にかかるようにいったり、そうした品物をかわりに買ってくるのは女性であることが多い。総じて女性には、自分の体は後回しにして、家族を優先させる傾向がある。

旅行　七〇パーセントを女性が決定。

行き先がディズニーランドでもデュッセルドルフでも、女性は家族のために率先してバカンスの計画を立てる。職場でも出張の段取りをつける機会が増えている。「女友だちどうし」のパックツアーから、ホテルの部屋の装飾にいたるまで、かつては男性向けだった業界にも、女性たちの好みが反映されつつある。

保険／投資／引退後の設計　九〇パーセントの女性が引退後の生活設計や投資プランに参加、意思決定に影響。

仕事をする女性が増えるということは、401（k）その他の投資プランに出資する女性も多くなるということだ。結婚年齢の上昇と離婚の増加があいまって、自分ひとりで家計の意思決定をする女性も増えている。女性の人生の道のりは男性とは違っているので、投資についての考え方も変わってくる。仕事以外の時間には、ほかの人の世話をしていることが多い。また寿命が長いので、引退後に過ごす時間も長くなる。けれども、大多数の女性はあまり自信がなくて、どんな老後の計画を立てればいいのかと悩んでいる。

住宅　二〇パーセントを独身女性が購入。全住宅購入の九一パーセントに女性の影響。

結婚が遅く、離婚率が高いということは、住宅にお金を使う独身女性が増えるということだ。一九九〇年代から二〇〇〇年代初めにかけての分譲マンションブームのおかげで、女性も手ごろな価格の不動産を買いやすくなった。また男性としても、妻の気に入らない家はなかなか買えないものだ。

ワイン　五五パーセントを女性が購入。

ずいぶん前からビール業界は女性客の市場に割って入ろうとしているが、あまり成功していない。女性が好きなのは相変わらずワインだ。女性によるワイン消費は「女性好みの」ブランドを数多く生んでいる。

ゲーム　ゲーマーの四〇パーセントは女性。

女性の顧客を着実に増やしていくことで、ゲームはどんどん表舞台に躍り出ている。任天堂のWiiはあらゆる年代の女性層に大きく食いこみ、人口の半分をゲームの世界にひきこんだ。そこは女性にとって、若い男性向けにつくられた暴力的なゲームよりもはるかに魅力的な世界だ。

性別に着目して消費者の動向をつかむことは、いまだに多くの会社ができていない。しかし現実には、あらゆるカテゴリーで女性が購買力をもち、製品の購入に影響を与えている。「影響」という言葉はソフトに聞こえるかもしれないが、誤解しないでほしい。これはじつに重要なものだ。つまり、妻と夫がふたりで何かを、たとえば新車や住宅を買うとき、発言力があるのは女性のほうだということだ。女性が首をたてに振らなければ、夫は（あるいは子どもたちは）たぶん、その商品を手に入れられない。また逆のこともいえる——女性が何かをほしいと思えば、おそらくなんとかして夫やほかの家族を説き伏せてしまうだろう。この購買力と影響力の組み合わせのおかげで、女性は消費者経済の支配者となっている。

チームに女性を迎えるだけでは不十分

女性向けの製品をつくるチームから女性を締め出すのはばかげた話だが、実際に私は、そういったケースをずっと目にしてきた。フォーカスグループにはたしかに女性が使われるだろうし、女性を対象にした市場調査レポートも作成されるだろう。チームの下の役職につけられることもあるかもしれない。しかしプロジェクトの決定権を握る上層部からは、女性は締め出されることがほとんどだ。女性たちの強力な代弁者がいなければ、あなたとターゲットとを結びつける大事なニュアンスを見落とす恐れがある。

ここで理解しておくべき大事な点は、こうした場合に女性が板ばさみになりがちだということだ。女性の多くは、男性の同僚たちと自分との違いを指摘し、擁護することをためらう。ほとんどの女性は、自分が男性と変わらないことを証明するためにがんばって働いてきたので、あえてそうした違いを同僚たちに思い出させたがらないのだ。

その根底には、たとえば共感や、ほかの人が快適でいられるよう気を配るといった、従来から女性的と考えられてきた特質が、企業社会ではあまり評価されないという現実がある。働く女性たちは、ステレオタイプで判断されたり、性別のために偏った見方をされるのを望まない。とくに年配の女性たちには、つい最近までずっと、女性であるせいで仕事から締め出されてきたという意識がある。

　だからあなたの職場では、男性も女性もおなじように、最大の消費者たちを理解するという課題に取り組まなくてはならない。女性の特質を把握し、評価する力があれば、男女をとわず、ターゲットとの結びつきを保っていけるはずだ。

2章

男女の違い、五つのポイント

脳の性差からわかること

溺れて死ぬ人の数は、圧倒的に男性が多いということをご存じだろうか？男性が泳ぐ能力に劣っているとか、水泳のレッスンをちゃんと受けていないといった理由からではない。専門家の考えでは、男性は大人も子どもも自分の力を過大評価しがちで、とくに危険な状況ではその傾向が強いという。その自信から、原始時代には巨大なマストドンを追いかける勇気をふるい起こした。そして今の時代では、荒波のなかを泳ぎきれる、自分には何も悪いことは起きないと感じていられる。

女性とは違った男性のこの自信は、もちろん個々の男性すべてにあてはまるわけではない。それでも、毎日ニュースで見るような、大胆なビジネス上の決断が下されるときの背景のひとつとなっている。そしてまた、優秀な会社が市場で低迷する原因にも——。端的にいって、男性経営者の多くが、女性消費者についての自分たちの理解を過大評価している。表面レベルでしか女性をわかっていないのに、深く理解していると勘違いしている。女性主導の経済にあって、これは危険な海や川で泳いでいるようなものだ。

こうした状況をさらに悪化させているのが、男女の脳の違いに関するまっとうな情報が、現在でもビジネスマンたちに広く伝わってはいないという事実だ。だが幸い、ビジネスで問題になる男女の差に光を当てる新しい研究成果はたくさんある。こうしたデータを活用すれば、男女をとわず、女性消費者をめぐるさまざまな観念がいかに主観的で偏ったものであるかを知り、それを乗り越えていけるだろう。

男女の脳はどこが違うか

脳は体のなかで最大の性器だ、というジョークがある。脳の働きが行動をうながすのだから、その意味では当たっていなくもない。

ここ数年間にも、男性と女性では脳の働きが異なり、またそうした違いがそれぞれの世界の見方に影響をおよぼしているという科学的証拠が続々と見つかった。それらの違いが、私たちの学び方、遊び方、争い方、感情や情報の処理の仕方——ひいては、ビジネスのメッセージに対する反応の仕方にも影響しているのだ。

脳は、人体のなかでもとびぬけて複雑な器官で、医学的にいえば、その仕組みはまだあまりよくわかっていない。左右の耳のあいだにあるこの灰色の物質は、遺伝と生物学、文化によってつくられる。おそらく女性の脳は、男性の脳よりさらに解明が遅れている。医学の歴史が始まって以来、女性はほぼずっと、あらゆる研究から除外されてきた。ホルモンの変化、月経の周期、妊娠などが、テストをするうえでの基準に「干渉する」という理由で。その結果、脳もふくめたあらゆる医学的研究の対象となる「一般的な」患者は、たいてい男性とされた。おおざっぱにいうなら、生殖器官をのぞいて、女性は男性の小型版だと考えられてきた。性差が認識されることで、大規模に実施される医学的研究の手法に変化が見られはじめたのは、比較的最近——ここ三〇年ぐらいのことだ。
研究の結果、男性と女性の脳がたしかに違うこと、ユニセックスの脳など存在しないということが、次第に解明されてきている。陽電子放射断層撮影法（ＰＥＴ）などの技術によって、人間の脳には性的に二形性の部位、つまり男女によって異なる場所があることがわかった。たとえば以下のような部位だ。

扁桃体：情動、恐怖、攻撃をつかさどる
海馬：記憶と情動の形成をおもにつかさどる
視床下部：自律神経とホルモンの働きを調節する
辺縁系：本能行動や情動をつかさどる
視覚野：視覚情報を処理する
脳梁：脳のシグナルを伝達し、右脳と左脳とをつなぐ

女性消費者の行動やモチベーションをほんとうに理解するには、女性のものの見方に影響をおよぼす生物学上の違いを深く知ることが大切だ。これまでの研究でわかったことをあげてみよう。

●情動　辺縁系は、情動をつかさどる脳の中枢で、総じて女性のほうが大きい。世界のほぼどの

社会でも、女性がおもに子どもや高齢者の世話役をひきうけている理由が、ここから説明できるとみられている。

●記憶　海馬（記憶と情動形成の中枢）は女性の脳のほうが大きい。これがおそらく、女性のほうが男性よりも感情を伝えるのがうまく、情緒的な出来事をよく覚えている理由だろう。そして何年もたったあとでむしかえして、夫をイライラさせたりもする。

●会話　女性は会話のために脳の両半球を使うが、男性は一方しか使わない。女性はまた、言語処理能力の座である左脳に神経細胞が多い。そのために、男性よりも言葉でのコミュニケーションが容易で、語彙も豊富なのかもしれない。男性は言葉でもずばり要点をつこうとする傾向がある。

●セックス　性的衝動をつかさどる脳の部位やその処理能力は、男性のほうが女性の倍もある。思春期のころ、男性は女性の二〇倍のテストステロンをつくりだす。ほかにもいろいろ理由はあるが、これで、なぜ世界中のポルノ産業がほぼ全面的に男性によって支えられているかの説明がつく。

●社交　テストステロンは、会話だけでなく、社交への関心も減らすことがわかっている。ただし、スポーツや性的な欲求を満たそうとするときは別だ。

●マルチタスク（ながら仕事）　女性は左脳と右脳のつながりが強い。そこから、女性がなぜパンケーキを焼きながらEメールを送れるのかといったことが説明できるだろう。男性は情報を処理するとき、脳の片方だけが活発になる傾向がある。つまり、データを区分けし、一度にひとつのことに取り組んでからつぎに移るほうが得意だということだ。

●**ボディランゲージ**　女性は人の表情を読み取ったり、声にひそむ感情を聞き取ったりする能力が高い。言葉をもたない乳幼児の要求にうまく対応するための、進化的適応かもしれない。女性がボディランゲージに長《た》けているのは、そこに種の存続がかかっているからなのだ。

●**空間認識**　女性と男性では、空間的な問題を解決するために別々の戦略を使う。目的地に着こうとするとき、女性はランドマークを使い（マクドナルドのところを右に曲がる）、男性は幾何学的情報を使うのを好む。だから男性は地図を取り出す。

以上のように、私たちが実生活でずっと見てきた行動は、生物学的に説明することができる。ビジネス上のメッセージに対する反応も、人の脳の仕組みから考えると、じつにおもしろい。ただし、脳の差異を論じるときには、生物学は方程式のほんの一部であるとわきまえておくことが大事だ。個人の経験や関心が、実際に脳の機能を変えることもある。たとえば、五年かけて中国語を学習すれば、脳の回路はそれに適したかたちで修整される。そうした修整は、私たちが自分の属するジェンダーのルールを学ぶ人生の早い段階でも起こる。私たちは生まれた瞬間から、どんな振る舞いが適切か、適切でないかという情報を与えられる。文化はジェンダーの認識に大きな影響をおよぼし、周囲の大人や友人の期待はとくに脳の回路の形成に重要な役割をはたす。

マスコミやメディアの力も大きい。生物学と文化の両方の影響を受けて、脳は発達する。
こうして、男女の違いは、脳が世界をどのように見るかを大きく左右する。以下この章では、そのことが製品開発からマーケティング、セールスにいたるすべての決定にどんな意味をもつかを、五つの差異としてまとめた。もちろん例外的な人たちもいるが、こうした共通の特性は、女性の要求や欲求を判断するうえで重要な土台となるだろう。

男女の違い①

女性と男性では、「達成」の定義が違う。男性は、独立した存在になろうと努める。女性は、かけがえのない存在になろうと努める。

子どもの遊びから話を始めよう。これは社会学者が詳細に調べてきた分野だ。小さな女の子たちが集まると、その遊びはロールプレイングにもとづいたものになり、おおむね得点をつけて競い合うようなことはしない。おままごとに勝ち負けはつけられない。女の子は家や、お医者さん、お母さんと赤ちゃん、学校、お店などのごっこ遊びをする。人形を使って子育てごっこをすることも多い。
育てること、そして公平さが、女の子の遊びの根本にある。女の子が交代で遊ぶのは、それが公平だからだ——「あたしが先にママをやるから、つぎがあなたの番ね」。女の子の生活の多くを占めるのは一対一の友情で、このパターンは大人になったあとも変わらない。女の子はひとりの親友をつくる傾向があり、よく友だちの耳に手を当ててひそひそと「ないしょ話」をしあう。ほんの幼いころから、会話は女性の友情をつなぐ接着剤なのだ。

「いばる」女の子は、仲間や大人たちから批判され、つまはじきされる。女の子たちは、いつも控えめでなくてはいけない、見せびらかしたりするのは悪いことだと教えこまれる。さらに、女の子は早い段階で、二つの資質を身につけることを学ぶ——人から好かれることと、親切であることだ。その結果、女性は大人になってからも、人から好かれ、かけがえのない存在と認められるように親切であろうとする。

この傾向はまた、生物学的にも強められる。先ほども触れたように、女性の脳では辺縁系（情動の中枢）が男性よりも大きい。この大きな辺縁系のおかげで、女性は一生を通じてほかの人たちとのつながりをもつことが容易に、ひいては重要になる。

いっぽう遊び場の反対側では違った風景が見られる。小さな男の子は、ほかの子と遊べるくらいに成長すると、勝ち負けのつく競争的なゲームをするようになる。こうしたゲームやスポーツを通じて、男の子は人生のルールを学ぶ。ほかの子よりも優位に立つことで、グループ内での地位を得ようと努める。この優位は、体の大きさや身体能力、命令を発する力、特定のスポーツや科目の技量などを通じて打ち立てられる。

大人はよく、小さな男の子がほかの子たちの先頭に立っていると、そこにリーダーシップを見てとる。女の子の場合のように「いばっている」と見られるのではなく、天性のリーダーだと考えられるのだ。「ごらん、みんなあの子のあとをついて歩いてる!」。大人たちはほれぼれしたようにいう。「あの子は生まれつきのリーダーだ!」。男の子は最初から、独立心こそ美徳だと教えられ、だれの助けも借りずに物事をやりとげることで、自尊心がはぐくまれていく。独立独歩で、競争心が強く、優位に立つという特質が、男の子には望ましいものとされるのだ。

男性はステイタス、女性は横のつながりを重視する

大人になると、女性も男性とおなじように実生活で成功をおさめたいと思うけれど、その意味にはかなりの違いがある。女性にとって達成とはより内面的なもので、ほかのだれかを打ち負かすといった外的な要素とはかならずしも結びついていない。そのために広告でも、やたら競争心をあおりたてるメッセージは、女性の共感を得られない。女性が競争するときは、自分との競争になる。女性は自分自身の最もきびしい批評家なのだ。成長の過程で、親切であろうとしながら社会化するので、自分の「勝利」によってだれかを打ち負かすと思うと、落ち着かない気分になる。〈だれかを負かそうとするのは、あまり親切だとはいえないんじゃない?〉

だから女性にとって、自分の成功が愛する人たちのためにもなる場合は、その成功がずっとす

ばらしいものに感じられる。女性にとっての達成とは、内面的というだけでなく、包括的なものなのである。

女性とその対人関係については、古くさいステレオタイプがいろいろあるが、実際のところ世界は人と人との関係の上に築かれているし、女性がその関係をつくりだすのに長けていることに異論の余地はない。女性は、人との関係を築くことが人生で最も価値あることだと考える。

ところがどういうわけか、有意義な関係をつくろうとするこの価値観は、「女の領分」として片づけられ、あまり敬意を払われない。そして皮肉なことに、成功した経営者の大半は、自分の最高の財産はビジネスで築いた人脈だという。起業家が自分の会社を売ろうとするとき、相手がまず買おうとするのは、その会社の顧客リストだ(顧客とはもちろん、ある会社が有意義な関係を構築してきた人物のことである)。

女性が個人的な関係やビジネス上の強力な人脈を優先的につくりだせるのは、もともと家族や友人、同僚たちのネットワークをつくることが、喜びや達成感の大きな源となるからだ。男性より女性のほうが引退後の人生をうまく送れるのも、それが理由のひとつだと人類学者たちは考える。女性は仕事をやめたあとも、それまで築いてきた人との関係や友人たちのネットワークに頼ることができる。高齢の両親のいる人たちは、父親よりも母親が先に死ぬことを心配する。めんどうな人づきあいをぜんぶ妻にまかせてきた父親が、たったひとり、暗いなかでテレビを見ながら缶詰を食べて過ごすことになるんじゃないか、というわけだ。

さて、男性がなぜ、迷っても人に道順を聞きたがらないのか、おわかりだろうか。

実際、男性は知らない人間に道を聞くのをいやがる。自分だけの力で目的地に着く方法を考えたがる。独立独歩で成功するということが、男性の文化では価値のあることとみなされるし、多くの男性にとっては、それが達成の定義そのものだ。

男性は、助けを求めるのは弱さのしるしで、どうしようもなくなったときの最後の手段だと考える。女性は、人に道を聞くのは賢明な方法で、時間の節約にもなると考える。

男性が人に助けを求めることをためらうのには二つの理由がある。ひとつめは「道に迷ったことがわからない」からだ。これは、臨床神経科学者で脳画像の専門家ダニエル・エイメン博士の指摘だ。二つめは、自分が弱い立場に置かれる、つまり「一ランク下の」立場になってしまうと感じるためだ。社会学の研究によれば、男性は女性よりはるかに地位志向《ステイタス》が強いとされる。男性の王国というピラミッド構造のなかで、自分がどの位置にいるかを強く意識する。証拠がほしければ、軍隊を見ればいい。軍隊は男性文化の究極の姿だ。

私は五人姉妹の長女として、軍人の家庭で育てられた。私がジェンダーのありように興味をもったのは、陸軍基地という男性ホルモンだらけの世界で育ったことも理由にある。軍の基地はその一つひとつが、男性に支配された小さな宇宙であり、軍の儀礼を動かしているのは階級、つまりステイタスだ。他人とのやりとりの仕方は序列によって厳密に定められている。私は父親がだれかと話すとき、その相手の階級によって命令調になったり従属的になったりするのを見てきた。

たえずくるくる態度を変えていたし、ほかの人たちもみんなそうだった。私がそうした振る舞いのコードを見きわめ、外でほかの兵士と一緒にいる父が家にいる父がおなじ人格でないことを理解するのには、何年もかかった。

このピラミッド構造の認識は、現代の企業文化をはじめ、男性の王国全般にわたって存在する。男性はあらゆる状況で、「一段上」もしくは「一段下」といった位置を意識せずにいられない。そのことが競争心を刺激し、ほかの人の目に一段低く映るような弱みを隠そうとする。いっぽう女性は、ほかの人たちの助力や情報を積極的に求める。ときにはその必要がなくても、ただ相手をいい気持ちにさせるために助けを求めることさえある。

要するに、男性が自分の力で手に入れたステイタスによって、みずからの価値を評価するのに対し、女性は家族をはじめ、自分が築きあげた人との関係の質によってみずからの価値を評価するのだ。

手助けを好ましいと思う女性、恥だと思う男性

男女の違いは、買い物の仕方にも影響をおよぼす。つい最近、DIYショップに行ったときにも、そうした例を見かけた。

ある若い女性とその夫が、配管のコーナーで買い物をしていたのだが、年配の男性店員が歩い

てくると、若い女性はその店員を呼びとめ、夫のほうを身振りで示しながら、Dサイズの乾電池はどこにあるかとたずねた。

するとエプロンをかけた男性店員は、女性を無視して夫のほうをまっすぐ見ていった。「乾電池をお探しで？　ここは配管のコーナーですが？」

夫は妻のほうにうんざりした顔を向け、ぶっきらぼうにいった。「だいじょうぶ、手伝いはいらないよ」そして店員に手を振った。

それから夫は妻に向きなおった。「まるでおれがバカみたいじゃないか！」

女性はびっくりしたようだった。「だって、さっきDサイズの乾電池を探したのに見つからなかったじゃない——あの人はこういうときのためにいるんじゃないの？」

夫はぴしゃりといい返した。「あんな恥をかかされるなんて、信じられないよ」。そして後ろも見ずに歩いていき、残された妻は通路の真ん中で立ち尽くしていた。

この女性は、気がつかないうちに夫の面目をつぶしてしまったのだ。夫の頭のなかでは、自分はほかの男性の前でまぬけ面をさらしたことになっている。相手がまったく見も知らない、理屈の上では従属的な立場の人間（お客にサービスするために雇われている）であっても関係ない。だれかに助けを求めるのはあくまで最後の手段。たとえよけいに時間がかかろうと、喜んで自分で品物を探そうとする。

だれの世話にもならずに、最後まで自分ひとりの力で登りつめることが、男性文化における究極の成功なのだ。だから、店が経費削減のために従業員を減らした場合、店員からの手助けがほしい女性客を遠ざける可能性があることは、なかなか気づかれない。あのＤＩＹショップの若い妻のように、女性は何かをするとき、手っ取り早くだれかに助けを求めたがる。こういった男女の違いが、好みの店の違いにつながる。

一般に女性は、ほぼどんなタイプの商取引でも、人間的なやりとりを求めようとする。最近のある研究によると、女性は男性にくらべて、店員との直接のやりとりに強く反応するという。女性の場合、「必要なときに助けが得られないこと」がいちばんの問題（二九パーセント）だった。男性にいちばんの問題とされたのは、「店の出入口のそばの駐車スペースがなかなか見つけられないこと」（やはり二九パーセント）だった。

ごく単純にいってしまえば、ビジネスとは、どれだけ多くの人たちにほかの会社や店ではなく、自分のところで買うようにしむけられるかということだ。女性がターゲットになるのなら当然、どうすれば女性が買う気になるかを理解することが不可欠になる。たとえば、女性は一般に、専門的なマニュアルを苦労して読むのを嫌がる。だから、家電量販店ベストバイのサポートサービス、「ギーク・スクアッド」が人気を呼ぶのだ。ところが多くの男性にとっては、マニュアルを読んで製品を把握することは、楽しみの一部である。ごく小さなころから、男の子はものを分解してはは組み立てなおし、その仕組みを理解しようとするのが好きだ。こういう傾向は女性にはあまり見られない。女性は何かを買ったら、それがすぐに役に立ってほしいと思う。

アメリカン航空のウェブサイトには、この認識を大いに活用した、すばらしい特徴がある。オンラインで予約をするとき(覚えておいでだろうか? 旅行の計画を決めるのはほとんどが女性だということを)、小さなウィンドウが出てきて、電話のヘッドセットをつけた女性の画像が映り、「助けが必要ですか? すぐにお電話いたします」の文字が現れるのだ。会社からの直接の補助が必要なときは、ただ自分の電話番号を打ちこめばいい。係員が三〇秒ほどで電話をかけてきてくれる。まさにオンライン環境における完璧なパーソナルヘルプであり、ハイテクと人間的触れ合いの生きた融合だ。

ここで、男女の差をビジネスに生かす具体例をまとめておこう。

●「男性的」競争のメッセージをマーケティングに取り入れるのは考え直そう。

女性による達成の定義は内面的なもので、だれかを負かしたりやっつけたりすることは、かならずしもふくまれない。ところがこうした競争的なメッセージが、当の製品やサービスとは関係がなくても、驚くほどひんぱんに見られる。最近もニューヨークのラガーディア空港で、大きな企業向け広告を見かけた。相撲とりがビジネススーツを着た男性と向き合い、闘う体勢をとっている。世界市場に打って出ようとする企業のために、翻訳サービスその他の支援スタッフを提供する会社の広告だった。多文化交流の手助けをするはずの会社に、なぜ戦闘体勢のふたりの人間を使わなくてはいけないのだろう? 矛盾もいいところだ。ありもしないところに攻撃性を見てとってはいけない。

●サービスを第一として差別化をはかるように努めよう。

よい手助けはなかなか見つからない、という決まり文句は真実を突いている。女性を相手にするなら、よいサービスによって競合他社を圧倒できるだろう。女性はあらかじめ、たとえ何かまずいことになっても、きちんと面倒を見てもらえるという確約がほしいのだ。女性は公平さについては非常に敏感だし、企業にも公平であることを期待する。

●女性客がもつクチコミの力を利用しよう。

女性は自分がかけがえのない存在だと思われたいので、好意を抱いた人たちに対しては、価値ある情報源となる。たとえば女性は、あなたの会社に満足すると、知り合いに進んでそのことを知らせようとする——あなたの会社からインセンティブ（報奨）を受け取れる場合は、とくにそうだ。ロイヤリティプログラムや紹介プログラムなど、女性顧客の基盤を利用してその知人を取りこむ努力をしないのは、みすみす儲けを逃しているに等しい。女性たちを味方につけたければ、あなたの会社にまつわるニュースや情報を伝えて、彼女たちに内部関係者という意識をもってもらおう。女性は情報通であることを好む。社交やビジネスのサークルのなかで、よい情報源でいることを楽しむ傾向があるからだ。

●パーソナルヘルプに投資しよう。

女性は何かをするときには、助けを求めるのが手っ取り早い方法だと考える。もし適当な相手がいれば、頼みごとをするのをためらわない。必要な手助けがすんなりとタイミングよく得られないために、どれだけ多くの女性が店を出ていき、ウェブサイトを見放してしまったことか。やりすぎるほうが、やらなすぎるよりずっとましなのだ。

男女の違い②
女性は自分の気持ちを語り合い、弱いところを見せ合うことで結びつく。
男性はおなじ活動にたずさわり、自分の弱みを隠すことで結びつく。

女性の関係の根本にあるのは、おたがいの気持ちや不安、弱さを分かち合う儀式、つまり自己開示と呼ばれるものだ（男性にはただのおしゃべりにしか見えないだろうが）。そのために女性はよく長電話をしたり、日曜の午後に三時間かけてランチを食べたりする。私の夫は、私が姉や妹、女友だちと電話で二十分ほど話しただけで、ちらちら目を向けてくる。彼の頭のなかでは、二十分というのは必要な時間より十九分長いのだ。それで私は仕方なく、電話を切るための長くゆるやかなプロセスに入る。夫はわかっていないが、もしチャンスがあれば、私はいつまでも話していられるだろう。

では、女性は何を話しているのか？　何もかもだ。どんな話題でも些細すぎるということはないし、どんな観察でも細かすぎることはない。しかし主に話すのは、自分たちがいろいろな物事についてどう感じているかだ。おたがいの気持ちを話しあうことは、生涯にわたって女性どうしを結びつける手段となる。女性は自分が問題を抱えると、積極的に友人や家族に相談して助けを求めようとするが、それはまたおたがいを結びつけるための方途でもある。おもしろいことに、女性が自分に力があると感じるのは、人に指図したりするときだけではない。ほかのだれかの問題についてアドバイスや助力を提供できるときも、そう感じるのだ。

生物学的に見ると、女性はオキシトシンという、親密な結びつきによって放出されるホルモンのレベルが高い。秘密を打ち明けあったり、親密につながったりすることが、実際に女性の脳の快感中枢を刺激する。ほかの女性たちと結びつくことが、生理学的にとても快く感じられる――だからあれほど長電話になるのだ!

女性はまた、すぐに個人的な話をするくせがある。私は以前、オースティン発ダラス行きの飛行機で、見ず知らずの女性と隣どうしになった。短いフライトが終わるころ、私は彼女が不妊治療で苦労したこと、中国から養子を迎えるのはやめようと決めたことなどを知っていた。自己開示の極端な例だと思われるだろうか? たしかにそうだ。でも、私は驚いたか? そうはいえない。女性は自分の気持ちをおおっぴらにするのをためらわないし、どんなに短いあいだでも、ほかの女性とつながることを楽しむ。そしてあの飛行機の女性は、自分の不妊に関する判断がまちがっていなかったという言葉を、見知らぬ他人である私の口から聞きたがっていた。

女性がおたがいをほめあうのはなぜか

小さな子どものころから、おたがいの気持ちを話しあうことは、女性どうしの関係の要だ。職場での会話に耳をすませてみるといい。ある女性が、今日は髪型がうまく決まらないとか少し太ってしまったと感じていたら、きっとだれかに気づかれる前に、女性の同僚にそのことを話すだろう。

女性の文化では、自分の弱みを打ち明ければ、相手の女性が、そんなことないわ、今日の髪はとってもすてきよとか、そのパンツはぜんぜんきつく見えないわ、などと気分を引き立てるようなことをいってくれる。女性はそうした反応をあてにしている。だから、男性の前でおなじことを口にして、たしかにそうだねといわれたり、黙っていられたりすると、ひどく傷つく。女性の会話の儀式をどう進めればいいか、男性にはわかっていないのだ。

私が自分を貶《おとし》める
するとあなたが引っぱりあげる
あなたが自分を貶める
すると私が引っぱりあげる

これこそが女性どうしのコミュニケーションのリズムだ。

私があなたの気持ちを明るくする
そしてつぎはあなたの番
みんなが交代で役目をはたす

月曜日の朝の職場で、あなたもきっと見かけたことがあるだろう。女性どうしがつながりあおうとするとき、ほめ言葉は最も強力な手段となる。「その新しいブラウス、週末に買ったの？　すごくいいじゃない！」。女友だちどうしはしばしば、コーヒーを飲んだり相手の抱える問題を聞いたりしながら、おたがいにほめあったり認めあったり励ましあったりして何時間も過ごす。

なぜ女性は、こんなにもほめ言葉を多用するのか？　それは、社会的に、美しくあることが女性の大きな務めのひとつとされているからだ。この身も蓋もないメッセージは、雑誌や広告、ビデオ、映画、テレビ番組など、ほぼあらゆるメディアで叫ばれている。外見は女性が判断されるときの大きな基準、だから「あなたはその基準に達している」と請け合ってもらえると喜ぶ。女性は本能的にそのことを知っているので、おたがいにほめ言葉というかたちで確約を与えようとするのだ。男性がそうしたプレッシャーを感じないのは、彼らが判断されるときの基準が外見や身体ではないからだ。男性は、女性どうしのほめ言葉の応酬や、そうした反応を求める女性たちにとまどいをかくせない。

女どうしで午後を過ごすと、ストレスのたまった女性も生まれ変わったように感じる。これはオキシトシンの働きだ。このホルモンは、ストレスがかかっているときでも、好きな人たちのそばにいるような快感をもたらす働きがある。女友だちとの楽しいやりとりはかならず、ちょっとしたハイの状態を生み出す。仲のよい友人たちと一緒にいて、笑い声や励ましの言葉、ほめ言葉を聞いていると、女性には実際に生理学的な反応が起きるのだ。

ほめ言葉が好都合なのは、親友にいってもらうのでも、食料品店で隣に立っていた赤の他人にいわれるのでも、おなじように よく効くということだ。要はおたがいの判断を肯定し、合理化することに意味がある。何かの商品、とくに高額の品物を買うとき、女性はすべてを合理化してくれるものを求めようとする。

女性の文化では、肯定と感謝は密接に結びついている。女性は感謝するときの身振りに長けているし、ささいなことへのお礼の言葉も感嘆符つきで熱烈に伝えられる。だから、女性がある会社をひいきにしたとき、当然のように見返りにおなじものを期待する。そしてしばしばがっかりさせられる。だからこそ、ほんの少し感謝を示すだけでも、他社よりぐっと優位に立てるのだ。

雑誌の見出しが語るもの

テレビのパーソナリティで雑誌も出しているオプラ・ウィンフリーほど、女性たちとうまくつながっている人はいない。彼女があらゆる層の女性たちと通じ合うのには、三つの方法がある——肯定、自己開示、そしてほめ言葉だ。彼女は自分の苦闘、弱さ、不安、そして将来への夢を電波にのせてつまびらかにする。そしてたえず向上しようと努めている。すると世界中の女性たちが、ああ、オプラも私と一緒だわ、彼女も私とおなじようなことで悩みながらがんばってるんだわ、と思う。

もっとも、オプラのファン層である中流のアメリカ人と、メディアの大物である本人とでは、重なるところはほとんどない。彼女は独身で、子どもはなく、しかも億万長者だ。けれどもオプラのファンにとっては、うわべの共通点などなくたってかまわない。うまくいく女性どうしの関係では、うわべより深いところにあるものが重要になる。それがオプラをこれほど偉大な存在にしているのだ。

彼女は自分自身の、また自分が推奨する価値観や人物、品物のセールスマンでもある。どんな話題について話しても、女性たちを心地よい気分にさせる。そのメッセージはこうだ——「あなたはりっぱな人なのよ」。そして彼女の行動はこう伝えている——「私たちはみんなおなじ」。

『オプラ・マガジン』のある号の表紙の見出しを見てみよう。そこにあるのは励ましと肯定、そして興味をそそる話だ。

●「あなたはすばらしい女性です！」——このメッセージを心から信じるために
●イメージチェンジ！　その髪型、ほんとにあなたに似合ってる？
●それから、どうなったの？　信じられない八つの実話——妻とナイフ、ショッキングな電話、失われた命、新しい命……などなど。
●四八歳からデートを始める——離婚後のファッション・プラン

オプラの雑誌を読んだあとには、自分を肯定する気持ちが強まっている。親しい友人と一緒にランチをするのとおなじだ。この雑誌のモットーは、「あなたの最高の人生を生きよう」。こうしたスローガンが共鳴を呼ぶのは、女性は助けになることを求められているし、また助けを喜んで受け入れるからだ。

男性の多くは、そうしたオプラの魅力を不思議に感じる。自分の考えや弱さをあらわにするという行為がどうして魅力的に感じられるのか、想像がつかない。男性が集まるのは、ただすわって話をするためではないし、ましておたがいの気持ちについて話すためではない。ゲームでもいいし、バーへ行くのでもいいが、一緒に何かをするためだ。

話をするときでも、個人的な問題は話題にのぼらない。男性はただ、おたがいにリラックスしたがる。自分の問題をほかの男性相手に話したいなどとは思わない。そんなことをしても、かえって気分が悪くなるだけだ。

何年か前、私の夫の親友ブルースが離婚した。私はブルースの奥さんとは親しくなかったので、離婚に関する情報源は夫だけだった。そのせいで私はいてもたってもいられなかった。夫とブルースはあれほど長いあいだ一緒に過ごしているのに、離婚の話題はまったく出ないようだったからだ。ある日、夫とブルースがNCAAバスケット・トーナメントの準決勝を観にラスヴェガスへ出かけ、ホテルのおなじ部屋に泊まると聞いたとき、私は思った。〈あのふたりが週末一緒に過ごすのなら、これでやっと、ブルースと奥さんのあいだに何があったのか聞けるわ〉

やがて旅行が終わり、夫を空港に迎えにいった私はさっそく聞いた。「で、離婚のほんとうの理由はなんなの?」。すると夫はぽかんと口を開け、私の顔をまじまじと見ていった。「そんな話、するわけないだろう――せっかくの週末がだいなしになるじゃないか!」

もしこれが女ふたりで、週末のあいだおなじ部屋で過ごし、そのどちらかが離婚というつらい経験をしているとしたら、ほかのことなど何ひとつ話さないはずだ。

男性と女性のコミュニケーションの違いは、探そうと思えばすぐに目につく。さっきの『オプラ・マガジン』を手にとったすぐあとに郵送されてきた、『メンズ・ジャーナル』の表紙にある見出しを眺めてみよう。

●ランス：アメリカ最高の独身者の、あくことないドライブ
●NASCAR（全米自動車協会）の反逆児、トニー・スチュワート
●スポーツライターたちに死を！
●二〇〇八年最高のビール
●巨大滝での冒険

最高、反逆児、死、ビール……これが男性雑誌の売り文句なのだ。ここには男性文化が咲き誇っている。世界とは、男たちが女性や成功、勝利を求めて争うステージ——それが男性の文化だ。いっぽう女性の文化では、この世界はひとつのコミュニティで、そのなかでは人々がたがいに結びついて、それぞれの可能性を見出し、みんなが幸せになれるように助け合う。

こうした男女の差は、セールストレーニングからカスタマーサービス、コールセンターの対応、消費者調査、さらには広告コピーやPRプログラムまで、ビジネスのあらゆる場面に関係してくる。

●共感は効果的なセールスのツール。

弱みを明かすことで、販売員は女性の顧客とのつながりを築くことができる。「私もやっぱり、

このコンピュータプログラムを初めてインストールしたときは、ずいぶんややこしいと感じましたよ」などというだけで、女性の気持ちは休まる。このテクニックは複雑で高価な品、たとえば保険、住宅、自動車、抵当、家電、金融サービスなどを売り買いするときには、とくに威力を発揮する。

●確証と肯定でイエスといわせる。

買い物上手というのは、女性にとって一種のステイタスだ（「ぜったい言い値では買わないわよ！」）。そして女性は男性よりも、自分の買い物を正当化してくれる相手をほしがる。ぜいたく品とされるものを買うときはとくにそうだ。女性は自分のためにお金を使うとき、男性よりも後ろめたさを感じる傾向がある。彼女たちが自分のためのモノやサービスを買えるように、言葉や映像を通じて、その決断を積極的に確証し、正当化しよう。LGアプライアンスがおこなっている巧妙なキャンペーンは、たとえ古い電気製品がちゃんと動いていても、その製品をアップグレードしていい、と告げる。広告では、女性たちが家にある古くて不恰好な電気製品をブルドーザーや大ハンマーで壊していく、というユーモラスなイメージが使われている。

●ステイタスの差を最小限にし、ユーモアのセンスを活用して、ビジネスに人間味をもたせよう。

アップルは直観的なデザインを通じて、ハイテクな製品を巧みに人間的なものにした。ベスト・バイのサポートサービス「ギーク・スクアッド」は、奇抜な模様のフォルクスワーゲン・ビートルを使っただけでなく、顧客の家まで人が出向くビジネスモデルと、「ギーク（おたく）」という言葉に示される自己卑下の姿勢を通じて、ITサポートを人間味のあるものにしている。またマスターカードは、「プライスレス」というマーケティング戦略を通じて、無個性なクレジットカードのビジネスを人間的なものにした。この戦略も、根っこの部分には自己卑下がある。なにしろクレジットカードでは買えないものがあることをみずから認めているのだから。

●感謝の気持ちを示すことが、女性のあいだに口コミを広め、リピーターになってもらうための最もかんたんな方法。

女性の顧客やクライアントには、なるべく早く、何度も感謝のしるしを示すこと。女性は感謝を示す会社と取引しようとするし、そうした会社のことを友人や同僚たちに話すだろう。

男女の違い③
女性は男性よりも口が立つ。女性は細かな点に注意を向け、製品やサービスへの愛着の気持ちを友人たちに伝えようとする。

女性がおしゃべり好きなのには二つの主な理由があり、どちらも脳の仕組みに関係している。ひとつは前にも触れたように、女性は言語をつかさどる左脳に神経細胞が多くあるから。もうひとつは左脳と右脳のつながりが強いためか、男性よりも話を聞き、しゃべることが得意だからだ。

では、女性と男性の会話にはどんな違いがあるのか？

女性はどんな話でも細部を楽しみ、男性は重要なポイントの要約を好む。男性にはほかの人の細かな話はしばしば退屈だ。むしろいろいろなもの——新しいコンピュータや新しい自動車、スポーツチームの細かなデータなどのほうに面白味を感じる。要するに、男性はものの仕組みに興味があり、女性はあるものが自分のために何をしてくれるかに興味をもつ。新しい冷蔵庫の容量が何リットルかを気にかけるのではなく、「冷凍のピザがちゃんと入るかしら？」とたずねるのだ。

また、女性は男性と違って、自分の見つけた新製品やサービスを早くほかの人たちに伝えなくてはいけないと思う。ここで、女性はかけがえのない存在になりたがるという話にもどってくる——友人や家族の人生を少しでもよくするような情報を伝えるのが好きなのだ。女性の着ている服をほめた場合、相手はよく、たった一言、その服を買った店の名前をいう。これはつまり、あなたも同じようないいものをそこで手に入れられるわ、と手短に伝えているのだ。

それから、ことがそこに至るまでの長い話が続く。あなたが女性にほめ言葉をかけたら、何をほめたにせよ、そうした事情をあれこれ聞かされる覚悟をしたほうがいい。相手がただありがとうといって去っていくことはまずありえない。「これはね、息子を初めて聖餐式《せいさんしき》に連れていくのに買ったんだけど、でもふと思ったの、仕事に着ていくのにも最適じゃないのって。それで今日着てきたのよ！」

こうした男女の差がビジネスにもたらす影響には、つぎのようなものがある。

●ものの仕組みから話を始めてはいけない――実際にどんなふうに役に立つか、から始めよう。

女性はふつう男性ほど、内部構造には興味を示さない。興味をもつのは買ったものの実用的な用途と、使うときの環境や条件だ。これはどんなものかという質問にだけ答えるのでは足りない。どこに置けばいいか、どのように使うか、周囲の人たちにどんな影響があるかといった話をすることだ。たとえば、ソファベッドを売るとしよう。そのときは技術的な面、たとえばマットレスのばねの数などを宣伝するかわりに、具体的な用途について話すといい。「このようなソファベッドがあれば、お宅の客室をもっと役に立つ場所、たとえば仕事場やAVルームに変えることができます。と同時に、お客さまも変わらず快適でいられるのです」

●ストーリーを利用して、あなたのサービスを生きたものにしよう。

女性はただの製品情報よりも、製品にまつわるストーリーによい反応を示す。実際に女性は、質問にもストーリーを加えて答えることが多い。これはマーケティングに有効なだけでなく(5章で詳述するマスターカードの「プライスレス」キャンペーンを参照)、顧客に高額商品を売りたい営業責任者にとっても非常に重要なテクニックだ。ほかの顧客があなたの会社の製品やサービスをどのように利用しているかというストーリーを話したり、女性たちがそれを使っている自分を想像できるようなシナリオを描いてみせるといい。

●第三者の推薦や保証を利用しよう。

あなたの製品やサービスに第三者による太鼓判があれば、えてして広告よりも有効だ。女性はお気に入りの雑誌やブロガーなど、じつにさまざまなカテゴリーで信頼できる専門家のいうことを聞き、どれを選ぶかの参考にする。そのため、女性の心をつかもうとする会社には、PR活動が欠かせない。実際、消費者による評価を集めたウェブサイトや、製品およびライフスタイルの情報を発信するサイトが急増し、さまざまな業界での商品選択を後押ししている。あなたも好意的な顧客に、関連サイトやフェイスブックなどのSNSに意見を投稿してくれるように働きかけていくことだ。

男女の違い④

女性は楽しい経験でも不快な経験でも、細部の記憶にすぐれている。科学者によれば、その理由は、女性の海馬（脳のなかの記憶と学習の座）が大きい点にある。

よいにつけ悪いにつけ、女性はあらゆることに気がつく。

人、場所、モノ……、とくに大事なのは人だ。なにしろ女性は、言葉をしゃべらない赤ちゃんとでもうまく意思を通わせる。わが子を生かしつづけるためには、その細かな要求すべてに気づかなくてはならない。そして、ぐあいが悪いのか暑いだけなのか、おなかを空かしているのか、ガスがたまっているのか、女性たちは五感すべてを駆使してつきとめ、種の存続のための役割を果たしつづけている。

何千年にもわたって育児をこなしてきた結果、人類の女性は、細部を認識する高性能の機械になった。その表れが、ボディランゲージ、におい、音、気温の変化などに意味を読み取る知覚の発達だ。理由はエストロゲンにある。ストレスのかかる出来事のあいだ、このホルモンは海馬のニューロンを広範囲にわたって活発化するため、女性は男性にくらべて、不快な感覚を細部までより強くあざやかに経験する。

ここで、ある若い母親から聞いた話を紹介しよう。

私はいつも食料品店での買い物は急いですませます。二歳の子どもがトイレに行きたくなったら、がまんさせられないからです。食料品店で用を足すには、荷積み区画を通り抜けてセメントの階段を下り、それから従業員の休憩室を抜け、地下のずっと奥にある個室二つだけの汚れたトイレまで行かなくちゃならないんです。

どの店も見た目をよくしたり、お客を長くいつかせるためにはずいぶんお金をかけるのに、トイレのことは忘れてしまうみたいですね。子どもがぐずりだしたときも、どこにも行くところがありません。店じゅう見渡したって、正面入口のそばに小さなベンチがひとつあるきり。子連れで買い物をしている人はたくさんいるのに、だれもそういったことを考えてないんでしょうね。

トイレは女性が店舗のなかで気づく細かな点のひとつにすぎないが、男性がつい注意を向けずにすませてしまいそうな重要な一例でもある。最近はトイレの重要性がこれまでになく高まっている。みんなどこへ行っても水分をどんどん摂るせいだ。スターバックスのラテでもペットボトルのミネラルウォーターでもトレーニングカップ入りのミルクでも、体に入れたものは出さなくてはいけない。そんなとき、清潔なトイレがないとわかっていれば、女性たちは買い物をさっさと切り上げて、ほかの場所で用をすませてしまうだろう。

小売店や、トイレだけの話ではない。販売員のデスクがちらかっていれば、女性はそのことに気づく。部屋におかしなにおいがしたり、従業員どうし仲が悪そうだったり、受付係が横柄だったり、カスタマーサービスに電話したときの待ち時間が長すぎたりしても、女性は敏感に感じとる。そしてまずいことに、あなたの店でよくない経験をした場合、決してそのことを忘れない。ありがたいのは、もし逆にすばらしい経験をした場合もありありと覚えていて、友人たちに伝えてくれるということだ。

この男女の違いは、ビジネスにもかなりの影響をもたらす。

●細部にこだわろう。

女性は小さなことにかならず気がつく。そして小さいことに気をくばる会社や店を高く評価する。バンク・オブ・アメリカの「おつりを取っておきましょう」というマーケティングプログラムは、お客の買い物の端数をドル単位で切り上げ、その差額を当人の預金口座に移すというものだ。額としては小さくても、バンク・オブ・アメリカが顧客の忠誠とブランド性を獲得するうえでの賢明な投資だろう。

●フィードバックを求めよう。

女性たちがあなたの会社の気に入らない点を見つけたときには、そのまま何週間も何カ月も、へたをすると何年もイライラさせたままにするのではなく、積極的にフィードバックのチャンスを与えよう。そうすれば女性にはガス抜きになるし、あなたのほうは問題を修正するチャンスが生まれる。Amazon.com や GoDaddy.com は、たえず調査表や質問表を送ってフィードバックを求めている。たとえ回答するひまがなくても、女性はその会社がちゃんと質問してきたことを評価するだろう。

●女性が気にかけているほかの人たちのニーズを考えよう。

女性は自分の生活にかかわる人たちのことをたえず考えている。したがって、あなたの会社がそうした人たちの人生をよりよくできるなら、女性からのポイントを稼げる。たとえば、親が買い物をしているあいだ子どもたちが楽しく遊べるものを提供されれば、女性はいつまでも感謝するだろう。服を試着しているあいだ、店が夫の座る席を用意すれば、ほっとするだろう。女性営業員がセールスにＣＥＯを同行したとき、あなたがその業績を称えれば、彼女はそのことを決して忘れないだろう。

男女の違い⑤
女性は争いの場面を避ける。男性は感情的な場面を避ける。

私の夫がいまだに映画のロマンティックな場面を早送りし、私がアクション映画の血なまぐさい場面を早送りするのはなぜなのか？　科学者の見解によると、女性が争いを嫌うのは、石器時代の脳の回路に起因するらしい。

脳科学者のルーアン・ブリゼンディン博士によれば、女性の脳は社会的な調和を求めるようプログラムされている。種の存続がそこにかかっていたからだ。野生の暮らしのなかで保護者であり扶養者である男性を失った場合、子どもたちもろとも捕食者や飢えの危険にさらされることになる。子どもの群れを抱えた女性がひとりで身を守り、生き延びていくのはかんたんではない。結果として原始人の女性の目標は、一族のほかのメンバーたちと調和を保ちながら確実に保護を得られるようにし、子どもたちが大人になるのを見守り、生の連鎖をつないでいくことに置かれた。

この理論によれば、争いが女性の心に大きな傷を残すのは、深いレベルで生死にかかわる問題として感じられるためだ。そのように感じさせるのは、争いによって引き起こされる脳の神経物質の変化である。セロトニン、ドーパミン、ノルエピネフリンによる脳の「耐えがたい」活性化と呼ばれる。その結果しばしば、涙、吐き気、胃の不快感が生じる。

石器時代の種の存続理論は、つぎのような人類学者の理論とも一致している。石器時代の女性は狩りの最中にパートナーの男性を失ったとき、きっと女友だちを頼っただろう。そして子どもと一緒に世話になり、友だちのパートナーの男性から食べ物を分けてもらっただろう。昔から女性にとって、人との関係を維持することは、生死を分ける問題だった。だからいまでも、女性どうしの友情は最も重要なことのひとつであり、争いやトラブルが起こると、女友だちを頼りにするのだ。

したがって、広告やセールストレーニングのセミナーに、打ち負かす、やっつける、つぶす、たたきのめす、といった「男性的な動詞」を使えば、女性を遠ざける結果になる。女性はもともと周囲の人たちとの調和と平和を保つようプログラムされているからだ。

これにおとらずよくないのは、ファッションやお酒の広告に使われる女性に対する暴力的なイメージだ。有名な例はドルチェ&ガッバーナ（D&G）の雑誌広告。そこには、見かけは抜群だが恐ろしげな男たちにレイプされそうになっている女性が写っていた。二〇〇七年二月に初めてこの広告が世に出たときには、スペイン政府がまず抗議をおこなった。三月はじめにはイタリアでも、男性と女性をふくむ国会議員が抗議に加わった。D&Gはそれを受け、両国でこの広告を撤去した。道徳的な問題はさておいても、暴力的なイメージは、女性たちに新しいブラウスを買いに走らせる刺激にはならない。

こうした男女の違いは、とりわけマーケティングに影響をおよぼす。押しつけがましいキャンペーンやスローガン、また暴力、相手を出し抜く、闘い、死、弱者に対する優越感といったものを描いた写真や映像は、大部分の女性の顔をそむけさせてしまうのだ。

●女性にモノを売りたいなら、暴力的なイメージや言葉は避ける。

『ターミネーター』スタイルのマーケティングは、女性をひきつけるよりも、遠ざけてしまう。臨床神経学者で脳画像の専門家であるダニエル・エイメン博士によれば、男性は脳の前部の働きがあまり活発でなく、マーケティングのメッセージなどに注意を向けるには興奮や刺激が必要になる。つまり男性の顧客には、暴力を利用するのはおそらく効果がある。いっぽう女性の場合、注意の持続時間は長いものの、最大の注意を向けさせるには、脳の感情をつかさどる部分を刺激しなくてはいけない。ある研究によると、母親たちの気を最もうまくひく広告は、たとえばつぎのようなものだ。

①子どもと楽しく過ごしている女性を描く。

②マルチタスク（ながら仕事）でできることを見せる。
③笑わせる。

●ライバルを攻撃するより、自社製品のポジティブな面を強調しよう。

ビジネスでエゴや優越感をむきだしにすると、女性は顔をそむけてしまう。あなたの会社が他社と対立する立場にあっても、正攻法をとるように努めよう。アップルの例のキャンペーン——くつろいだ服装で親しみやすい「マック」くんと、スーツを着たやぼったい「パソコン」氏を並べる構図——は、悪意のないかたちで巨大なライバルに勝負を挑んだ好例だ。

それとは対照的に、スープのブランドのキャンベルとプログレッソは激しくたちの悪い戦いをくりひろげている。メディアが「スープ・ウォーズ」と呼ぶこの争いでは、どちらも相手の製品に「悪い成分」がふくまれていると非難しあっている。このスープ界の中傷合戦はきっと、両ブランドの何百万人もの消費者に苦い後味を残すだろう。

ひと目でわかる、男女の内面の違い

男女の違いが消費者の意思決定にどのような影響をおよぼすかを理解することは、「女性の周波数」に同調するうえでの大きな一歩となる。次ページの一覧表も参考にしてほしい。

男女の内面の違い

《女性の心の内は》	《男性の心の内は》
●かけがえのない存在になりたい。 ●つながっていたい。 ●ステイタスの差を最小限にしたい。	●独立していたい。 ●尊敬されたい。 ●グループのなかでの順位を意識する。
●感情や弱みを見せる。 ●話すことで他者とつながる。	●弱みを隠す。感情を語り合わない。 ●なんらかの活動や、仕事、政治、スポーツなどの話をすることで、他者とつながる。
●他者を助けることで自分の力を感じる。	●他者の上に立つとき、自分の力を感じる。
●人間の細かな点は、会話で最も大事なところ。 ●細部はいくらあっても多すぎない。	●他人にまつわる細かな話は退屈。 ●技術的なことやスポーツ関連の細部なら、おもしろいと感じる。
●争いごとはストレスをもたらす。 ●協力のほうが楽しい。	●争いごとが好き。血が沸きたつ。 ●協力が楽しいのは、勝つ、相手を負かすという目標があるときだけ。
●自尊心はさまざまな人間関係の質から生じる。達成は内面的な目標にもとづくもの。	●自尊心は他者からの助けなしに独力で何かをなしとげることから生じる。
●製品でいちばん興味があるのは、自分のために何をしてくれるか。	●製品でいちばん興味があるのは、その仕組み。

3章

女性の買い物を変える五つの世界的トレンド

ビジネスに関わる人たちはみんなそうだが、私も常に新しいトレンドを知ろうとしている。トレンド判定サービスとニュースレターに登録しているので、たぶん毎月一〇から二〇、一年にすると一二〇から二四〇の新しいトレンドに触れている計算だ。しかもこの数には、ふだん読んでいる新聞や業界誌から得られるものがすべてふくまれているわけではない。現状を把握しているという感覚は貴重だが、あまりに多すぎると感じることもある。

私だけではない。同僚やクライアントの多くも「トレンド疲労」を起こしている。ではなぜ、トレンドを求める欲求はこれほど強いのか。理由はかんたんだ――トレンドのデータは私たちに有益な未来を垣間見せてくれ、その巧みなネーミング（見せかけだけの環境配慮をグリーンウォッシュと名づけるなど）は私たちの想像力に火をつけてくれるからだ。

大切なのは、たえまなく報告されるトレンドのなかから、意味のあるトレンドと意味のないトレンドを見分けることだ。

女性についていえば、最も大きな全体像を見るのが効果的だろう――広範な人口動態の変化には、現時点で女性たちがどのように生き、働いているかが映し出される。女性の場合、世界的に見て五つの重要な変化があり、この変化が現在の女性がモノを買うときの意思決定に影響を与えている。

①女性労働力の増加が、すべてを変える。

全労働人口に女性の占める割合は、世界中のほぼあらゆる地域で上昇している。だが、収入を得ている女性の多さは認識されていても、女性の現実のあらゆる側面、とくに時間とお金の使い方が変化してきた事実は、それほど認識されていない。

②結婚年齢の上昇が「自分のためのお金」を増やす。

女性の独身期間は長くなり、自分の自由になる収入も増えている。それなのに、ぜいたく品、衣料品、化粧品以外の業界では、ターゲットにされるどころか、その存在すら真剣に受けとめられていない。

③世界的な出生率の低下により、子どもは減るがモノは増える。

とくに先進国では出生率が下がっている。当然、子どもを多くもたないという決定は、消費のパターンに大きな影響をおよぼす。ただし、では子どもにかける支出が減るかというと、そんなことはない。

④離婚が個人消費の増加をもたらす。

アメリカでは結婚したカップルのほぼ半分が離婚にいたるが、世界的に見ても離婚率は上昇している。結婚の破綻が社会におよぼす影響はくわしく研究されているものの、消費者経済におよぼす効果についての報告は少ない。離婚がもたらす現実とは、個人消費が激増するということだ。

⑤年配の女性たちの存在によって、ターゲットとなる市場が規定しなおされる。

広告を見ていると、五四歳以上の人はみんな死んだか破産しているような錯覚に陥る。だがそんな認識は、現実とはほど遠い。高齢者の人口は着実に増しているし、今後も数十年間は増えつづけるだろう。二〇五〇年までには、人類史上初めて、世界全体の高齢者が子どもの数を上回るといわれる。とてつもないチャンスが訪れようとしているのだ。

以上が全体像だ。では、この全体像があなたのビジネスにどんな意味をもつのか、さらにくわしく見ていこう。

世界的トレンド①
労働力の女性化

現在の世界的不況は数えきれないほどの意味をもっているが、なかでもとくに注目すべきなのは、アメリカの労働人口でいま、歴史上初めて女性が男性に追いつこうとしていることだ。みずから働いて家計を支える女性たちは、世界経済の相貌をすっかり変えてしまった。

カナダから中国、日本からメキシコにいたるまで、女性の労働力への参加は、お金の使い方やものを買うときの意思決定に大きな影響をおよぼしている。ほぼすべての新興国では、非正規雇用で働いている女性の比率が男性よりも高い。

働く女性の出現によって、世帯収入が増加すると同時に、個人消費のパターンも大きく変化した。一八歳未満の子どもをもつアメリカ女性のじつに七〇パーセントが、仕事で収入を得ながら子育てをしている。これだけ多くのワーキングマザーが、家庭とキャリアを両立させるための緊張を強いられ、さまざまなニーズや欲求をかかえているのだ。

女性たちが家の外で働くという傾向は、ほぼ四〇年間にわたって持続していて、もう逆転することはありえない。女性が家の外での仕事につけば、その消費パターンはかならず変わる。着る服も変われば、食べるものも変わるし、車を走らせる方向も変わってくる。もし子どもがいれば、その世話をまかされる人たちも関わってくるし、お金との関係も変わる。もし仕事が気に入っていれば、自分への見方も違ってくるし、自信も増す。まとめていうなら、外での仕事は、以下のすべてに影響をおよぼす。

- ●いつ買うか
- ●どこで買うか
- ●何を買うか
- ●どんな車に乗るか
- ●いつ食べるか
- ●何を食べるか

●何を着るか
●どこに住むか
●ある製品やサービスにどれだけの額を使えるか
●医療サービスや保険プログラムをどう利用するか
●休暇でいつどこへ、どのくらいの期間出かけるか

さらに相乗効果がある。女性が仕事に出れば、当の女性だけでなく、周囲の人たち、とくに家族の生活が変わる。女性が労働力に参加するとき、以下の点に影響がおよぶ。

●家族が何を食べるか
●家族がいつ食事をするか
●家族がどこに住むか
●昼間に子どもたちがどこへ行くか
●ベビーシッターから掃除係、家庭教師など、家庭に何人の「ヘルパー」が雇われるか
●子ども関係の取り決めの時間をいつにするか
●結婚しているとして、夫の家族の責任はどうなっているか
●余暇には家族とどこで、どんなふうに過ごすか

「母親が仕事に出ると、家族全体があわただしく動くようになります。ドミノ効果が生まれ、全員に影響がおよぶのです」。アメリカ最大手の住宅建設会社ライランド・ホームズの幹部、エリック・エルダーはそう語る。ライランドは働く女性とその家族の現状を念頭において、多くの住宅の間取り図を再設計した。そして、働くことは女性の個人的な移動パターンだけでなく、物理的環境のニーズも変化させていることを発見した。こうした変化に対応するために、ライランドが実際に何をしたかは、次章で見ていこう。

女性労働と経済成長の関係

女性は有史以来ずっと働いてきたが、昔は家事という無給労働に限られていたため、経済成長をうながす要因になるまでにはいたらなかった。けれども、事情は変わった。女性はいまや、地球経済の推進力となっている。『エコノミスト』誌はある記事でこう高らかに宣言した。「中国、インド、インターネットは忘れよう。経済成長を推進するのは女性だ」

アメリカでは、女性の雇用は男性の雇用よりずっと急速に伸びてきた。一九七〇年以降、男性が一人新しい仕事に就くあいだに、女性は二人仕事に就いてきた。いまでは既婚女性の四分の一が、夫より多くの収入を得ている。これは一九六〇年代から見ると隔世の感がある。当時の既婚女性は、自分の名義でクレジットカードや抵当権を得ることができず、女性雇用者は妊娠したり年をとったりしただけで解雇されていた。

たとえこの不況でも、労働力における男女格差の程度は、その国の経済の健全さを測るうえでよい指標となる。労働力に女性が占める割合の高い北欧の国々が、世界的に最も高い生活水準にあると考えられているのは、決して偶然ではない。ブラジル、中国、インドといった経済的な新興国の都市部に住む女性たちは、その収入によって消費者の状況を変えつつある。対照的に、中東の多くの国々では女性の労働力参加が見られず、発展をはばむ要因のひとつとなっている。こうした国々は今後、人口の半数が秘めているエネルギーや知的貢献を解き放っていく必要がある。

稼げば、使える

この問題に関して、ゴールドマン・サックス屈指の頭脳、ケヴィン・デイリーは、以下のような説得力あふれる分析をおこなっている。

男女の雇用格差が縮まるにつれて、女性が自由にできる収入の増加は、男性の所得の伸びを上回るようになるだろう……女性が相対的に豊かになることは、また結果的に、消費パターンに変化をもたらすと考えられる。この変化がとくに顕著になるのは、女性の収入

──が生活必需品やサービスを得るのに必要な水準を超え、収入のかなり多くを自己裁量の品物にかけられるようになるところまで上昇したときだ。

早い話、働く女性はただお金を稼ぐだけではなく、そのお金を使ってもいるということだ。労働力のデータにもとづくかぎり、女性たちは現在（そして近い将来）、消費財メーカーの標的となる。これはとりわけ、新興成長市場にくいこんでいこうとする多国籍企業にとって価値のある洞察だ。ブラジル、ロシア、インド、中国といった国で、女性の労働力参加の傾向を調べれば、女性の日常生活がどのように変化しているか、あなたのビジネスにとってどういう経済的チャンスがあるかを知るための道しるべとなるだろう。

見えにくいワーキングマザーの実態

外で働く母親はどこにでもいるけれど、彼女たちの生活の現実は、すぐ隣の同僚たちにもよく知られていない。これは、女性が仕事と家庭生活のバランスを易々ととっているように見せようとするためだ（実際は違うのだが）。彼女たちはみな、自分が家庭で抱えている責任について長々と話したりしたら、仕事への意欲が足りないように見られると思っている。

男性の場合は、事情が違う。男性は子どもがいると、職場でのステイタスが高まることが多い。

自分の給料で家族を養わなくてはならないため、仕事への意欲が増すと見られるのだ。結婚したり子どもをもったりすれば、男性は安定した責任ある存在となり、これは通常、いいほうに働く。けれども、女性が子どもをもつと、逆の効果が生じることが多い。女性が家族への責任を負うようになると注意散漫になる、というのが職場での認識だ。女性は子どもが病気になると休みをとらざるをえない、と雇用側は考える。多くの国では、最初の子どもを妊娠すると、女性は仕事をやめるとされている。より家族にやさしく、女性にやさしい仕事環境をつくろうと本気で取り組んでいる会社もないではないが、女性たちはいまだに、子どもをもつことはキャリア上のプラスにはならないと感じている。また、子どもがらみの用で欠勤すれば、同僚たちの仕事を増やす結果になるのもわかっている。家庭とキャリアの両立がむずかしいのには、そういった理由があるのだ。

男性が子どものために仕事を休めば、親としての務めを果たしている、りっぱな父親だと見られることが多いのに、女性はおなじ賞賛を受けられない。メラニーという中間管理職の女性は、こんな話をしてくれた。

職場で、ある上司から、奥さんが病気になったという話を聞かされたわ。末期のがんで、あまり長くは生きられないってことだった。彼には子どもがふたりいるの。たしかに悲しい話なんだけど、私は職場の男の人たちの反応にひっかかってしまって。みんなでひそひ

そいいあってるのよ、「マイクは子どもたちをどうするんだろう？　学校へ送り迎えしたり、病気になったら看病したりしながら、仕事を続けられるんだろうか？」って。

職場の女性はほとんどが子持ちだし、シングルマザーも少なくない。みんな、毎日そういう状況に向き合ってるのよ。男の人たちはそういうことをやらなくていいし、女の人も文句をいわないから、わからないのね。マイクの置かれた状況には、ただ同情するだけ。彼がこれからやることになるのは、職場にいる女性の半分がもうやっていることだなんて、だれも口には出さないわ。

「奥さんがほしい」

働く女性がこういうのを聞いたことがおありだろう——「ああ、私も奥さんがほしいわ」。これは「きりもない雑用や家の仕事をかわりにやってくれる人がほしい、そしたらもっと大事なことに集中する時間ができるのに」という意味だ。働く女性のこの大きなトレンドを理解するために、ひとりの女性の平均的な一日に注目してみよう。その女性、ジェイミーはシカゴで事務職について、いい給料を稼いでいるが、家庭生活では緊張の糸がぴんと張りつめ、ほとんど切れる寸前——つまり、あなたの見込客の多くとおなじ境遇だ。

あるワーキングマザーの平均的な一日

名前：ジェイミー
年齢：四〇歳
職業：不動産会社の部長
家族：夫、子どもふたり

午前

〇五：一五　起床。シャワーを浴びて着替える。
〇六：〇〇　子どもたちを起こす。
〇六：三〇　子どもたちに食事と着替えをさせて、お弁当をつくる。
〇七：〇〇　家を出て、子どもたちをチャイルドシートに乗せる。
〇七：一五　幼稚園に上の子を預ける。
〇七：三〇　保育所に下の子を預ける。
〇八：一五　会社のデスクで、ヨーグルトを食べながらEメールをチェック。
〇八：三〇　正式に一日が始まる。

午後

一二：〇〇　デスクで昼食をとり、電話やEメールで家の用事をできるだけすませる（オンラインで支払いをする、オンラインで本を注文する、小児科医に電話をする)。
○一:○○　仕事にもどる。
○四:○○　ベビーシッターに連絡をとり、上の子を無事に幼稚園から連れて帰ったかどうか確認する。
○五:四五　会社を出て、下の子を保育所から引き取る。

夜

○六:○○　夕食のことを考えながら、家へ車を走らせる。疲れきって何もしたくない。デリバリーで何かとろうかしら？　夫に電話をかけて相談する。夫は何も思いつかない。「あるものですませましょう」ということになる。
○六:三○　帰宅し、ベビーシッターを帰らせ、子どもたちに食事をさせる。自分は服を着替えるひまもない。
○七:○○　夫が帰宅。どちらかが、子どもたちをお風呂に入れ、パジャマを着せる。
○七:三○　夫婦の食事は、けっきょく電子レンジで温めるだけのものになる。食事をしながら、子どもたちと遊ぶ。
○八:○○　夫が下の子を寝かしつける準備を始める。
○八:三○　ジェイミーが上の子を寝かしつける準備を始める。
○九:○○　子どもたちが寝つく。

〇九：一五　テレビをつける。ふたりともテレビを見ながら、ノートPCを開く。ジェイミーはEメールをチェックし、会社を出たあとで何か新しいことが起きていないか確認する。いくつかのメッセージに返信し、明日の予定を考えはじめる。ニュースやプライベートなEメール、有名人のゴシップなどを読む。やっとリラックスしはじめる。

〇九：四五　三〇分後、もう十分リラックスしたと感じる。お皿をしまい、洗濯物をチェックし、みんなが明日着るものを用意する。リビングを片づけ、郵便物に目を通す。

一〇：四五　目覚まし時計を五時一五分にセットする。寝る前に、ベッドで一五分ほど女性雑誌を眺める。ページをめくりながら、美しい服や靴を身につけ、素敵な家にいる自分を想像し、ほっそりしてゴージャスなセレブのようになるのを夢見る。「ターゲット」に行けば、雑誌にあるような高価なスタイルのかわりになる、安くて質のいい品が見つかるかしら。

ジェイミーにとって、ナイトテーブルの上の女性雑誌は、ゆったりと一日の終わりをしめくくる最高の手段だ。一日がんばって働いた自分へのちょっとしたごほうびだとも感じている。やがて世界中の数えきれない女性たちと同様、ジェイミーも新しい服やもっと魅力的な自分自身、そして明日やらなくてはいけないことを考えながら、うとうとと眠りに落ちていく。

ジェイミーの一日は、何百万人というワーキングマザーたちの現実でもある。彼女たちの大多数は、外での勤務時間が終わったあと、今度は家庭での責任という重荷を負うことになる。働くシングルマザーで、しかもジェイミーより給料が安い女性の場合、生活はさらにきびしい。こうした女性は、子どもの世話のために家族の助けを借りる傾向があり、月々自分自身にかける時間やお金はほとんど残らない。

家にいる主婦も負けずおとらず忙しい。たいていは家でゆっくりなどしていられず、一日じゅう外に出て、家族のために一生懸命働いている。実際のところ、彼女たちの多くは、家庭の管理にくわえ、何かしら外での仕事――フリーの仕事やパート、訪問販売のセールス、ボランティアなど――に従事している。家の外で働く女性とおなじくらい、忙しく煩雑な毎日を送っていることが多いのだ。

ジェイミーをはじめとする忙しいワーキングマザーが、あなたの会社の顧客だと想像してみよう。彼女たちにどんな手助けができるだろうか？　以下のことを考えてみよう。

●働く女性には、製品だけでなくサービスが必要。

働く女性の時代には、カスタマーサービスがとくに有効なツールとなるだろう。どんな業界でも、カスタマーサービスを改善する余地はある。あなたの会社の製品やサービスで、女性たちが期待以上の手助けを得られるようにするには、どうすればいいのか？　その効果を最大限にし、あなたの会社を選んだのは賢い選択だったと感じさせるには？

何週間か前にカリフォルニア州のバークレーに行ったとき、私はある靴屋に入った。すると店内にペディキュアのコーナーがあった。たしかにあのあたりの気候だと、つま先の開いた靴をはく人が多い。これはコロンブスの卵ともいうべき、製品を補完するサービスの実例だ。あなたの製品やサービスがおかれる状況にかんがみて、どのような補完的サービスを考え出せるだろう？またそのために、どんな会社やブランドをパートナーにできるだろう？

●働く女性に必要なのは、時間の延長と宅配のオプション。

毎朝仕事に行く途中で、ジェイミーはアン・テイラーの店の前を通り過ぎる。ここは午前一〇時になるまで開かない。彼女はよく店のウィンドウを羨望のまなざしで眺めるという。もし店が二、三時間早く開いていれば、仕事の前に立ち寄る余裕ができるのだけれど。営業時間の延長は、忙しい女性があなたのブランドに注目するきっかけとなる。

宅配のオプションを用意すれば、忙しい女性をお得意様にできる。スリープ・スカッドはシカゴに本社のあるマットレスの販売業者だが、移動式ショールームをしつらえた特別設計のトラックで、見込客の家の前に現れる。客は実際にマットレスの寝心地を試すことができ、もし気に入れば、そのまま家のなかの指定の場所にマットレスを据えつけてもらえ、さらに古いマットレスも無料で引き取ってもらえる。新しいベッドを買うのに、混んだ店まで行って人前でマットレスに寝転がったりにせずにすむのだから、じつに手軽だ。

●働く女性たちにとって、自動車は「第二の家」。

北米の働く女性、とくに小さな子どものいる母親たちは、自動車のなかで過ごす時間が非常に長い。

アウトバック・ステーキハウスなどのカジュアルレストランはそこに目をつけ、平日夜に、道路脇に停めた車までテイクアウトの品を運んでいくというサービスを始めた。これだと客は車から降りずに温かい食事を家まで持って帰れるし、ファストフードに頼ってしまったというやましい気分にもならずにすむ。

車内用ＤＶＤプレーヤーも、家族が自動車で移動するときにはじつに重宝なものだ。

いまだに驚くのは、自動車内の娯楽の中心であるＦＭラジオが、女性向けの番組をほとんど流していないことだ。テレビの朝の番組の視聴者は圧倒的に女性だし、車で用事を片づけたり子どもを送り迎えしたりする時間も女性のほうがずっと長いのに。だれもがデジタルメディアを追いかけているこの時代でも、ラジオはまだまだ広告業界にとって、創造性を発揮し女性にアピールする番組を考え出す余地のある、広々と開けたフロンティアだ。

●子どもがいれば、週末の雑用と買い物の集中は避けられない。

働く女性たちは、平日は忙しくて買い物などできないので、大きな買い出しは週末にまわそうとする。そうしていっせいに押し寄せるために、あれほど店が混みあうのだ。学校もベビーシッターも休みの週末には、買い物客も子連れのことが多い。当然、ショッピングの様相はまったく変わってくる。しかもいつも順調にいくとは限らない。

子どもにやさしい環境をつくれば、ライバルとの競争でぐっと優位に立てる。子どもという要素は、たとえば一台あたりの駐車スペースをどのくらいにするか（ミニバンのサイドドアからベビーカーを出せるだけの横幅がいるだろうか？）から、施設内に入ったあとでどのような娯楽を提供するかといったことまで、あらゆる部分で考慮できるだろう。

週末の買い物には、ほかにもいろいろ面倒がある。人ごみとの闘いといっただれにでもわかるものだけではない。たとえば、調査によると、ジェイミーのようなワーキングマザーは日曜日の午後に食料品をまとめて買うことが多いが、日曜日に配達サービスをしてくれる店はほとんどない。働く女性にとってオンラインショッピングが魅力的な理由はすぐにわかるだろう。

多くの点で、従来の企業はまだ、働く女性たちの行動パターンに追いついていない。これはつまり、彼女たちの少ない時間や便宜の問題に対応する、便利な商品やサービスを生み出すチャンスがあるということだ。

●働く女性にはストレス対処にユーモアが必要。

ジェイミーはストレス解消のためによくユーモアを使うが、ほとんどのマーケティング担当者は、女性相手に笑いをとることにしり込みする。てんやわんやの毎日をユーモラスに描くことは、女性たち、とくに母親とつながるための強力なツールなのに。

ユーモアを基調としたキャンペーンで成功しているブランドに、スアーブがある。このヘアケアブランドのマーケティングでは、「お母さんはいつもきれいとはかぎらない」という明るいテーマを打ち出し、電気通信大手のスプリントと連係して「イン・ザ・マザーフッド」というオンラインのコミュニティを立ち上げた。このウェブサイトでは、現実のお母さんたちから寄せられた体験をもとにした短いストーリー、「ウェビソード」を映像化しているが、これが女性たちには「おもしろくリアルで楽しい」と好評で、すでに二〇〇〇万ビューを超えた。おまけにマーケティングからの逆輸入現象とでもいおうか、アメリカの大手ネットワークＡＢＣ製作のテレビ番組にもなっている。

世界的トレンド②
結婚年齢の上昇が「自分のためのお金」を増やす

「するわ」が「すると思うわ――いつかね」に変わりはじめている。世界中の先進国で、女性の結婚年齢が高くなっているのだ。一九六五年のアメリカでは、女性の平均初婚年齢はちょうど二〇歳だった。それから四〇年後には二五歳にまで延びている。西ヨーロッパのフランス、オランダなどでは平均三〇歳で、結婚しない男女の同居も社会的に認められている。スウェーデンの女性の平均初婚年齢は、なんと三二歳である。

こうした傾向を後押ししている大きな要因には、男女の同居が社会的に受け入れられてきたことにくわえ、教育水準の向上もある。大卒の女性たちが、取得した学位を卒業後の仕事に活かしているのだ。ニューヨーク、シカゴ、ロサンジェルスなどアメリカのいくつかの都市では、若い男性よりも若い女性のほうが多くお金を稼いでいて、結果的に異性間、とくに交際中のカップルに新たな興味深い影響をおよぼしつつある。

かつて住宅や上等な家具などは、理想の男性が現れてから手に入れるものだった。しかし今の独身女性たちは、待ってはいない。自動車を買う。ダイヤモンドを買う。海外旅行、ミューチュアルファンド、さらにこれまでにないほど住宅も買っている。アメリカの不動産市場では、住宅全体の二〇パーセントを彼女たちが購入しているのだ。

世界中でいえることだが、都市部の若い女性たちが、ぜいたく品、ファッション、デザインなどのトレンドを動かしている。リンカーン・マーキュリーのような定評あるブランドも、未来の自動車をデザインするために若い女性を雇うようになった。

この傾向は衰える兆しがない。アメリカではほぼ二〇年前から、女性のほうが学士号や準学士号の取得者が多いのだ。これはアメリカだけの現象ではない。ほとんどの先進国では、男性より女性のほうが大学進学率が高い。教育水準の高さは、よりよい仕事、よりよい給料、経済的な安定性につながる。

女性は学位を取ったあと、数年間は独身で過ごしながら、自分のキャリアを築いていく。そして人生のこの段階で、自分のために高額のお金を使いはじめる。

それなのに、独身女性が自動車や住宅などの高額商品を買えること、また現実に買っていることを認めようとしない販売員のいかに多いことか。さらにひどい場合は、弱みにつけこもうとする。独身女性はいまだに、高い買い物をするときには相手につけこまれないように男性の友人か親戚を連れていくという昔ながらの手段に頼らざるをえない。こうしたよけいな苦労や不便さのせいで、せっかくのセールスチャンスがたえずふいになっている。ぜいたく品から自動車、住宅にいたるどの業界も、若い女性の消費力をもっと認めるべきだ。きちんと受けとめるだけでなく、対応もきちんとしなくていけない。

これらの事実から、どんな洞察が得られるだろうか。

●若い女性が高額の商品やサービスを買う。

販売員によく教えておくべきことがある。若い女性をきちんと扱うこと、また彼女たちと情緒的なつながりをもてるような話し方をすることだ。二二歳のある働く女性から、こんな話を聞いた。「自動車の点検のことで、ファイアストンに電話したんです。すると電話の向こうの人が、お父さんに代わってくれる、そしたらどこが悪いか説明できるから、っていうの――私の車なんですよ。それにうちの父親は二〇〇〇キロも離れたところに住んでいて、なんの関係もないのに」

販売員に女性をもっと多く雇えば、問題解決の一部に役立つだろう。たとえばいまの自動車販売員のうち、女性はおよそ一〇パーセントにすぎない。これは自動車の顧客ベースの多様化をまったく反映していない数字だし、特約店に足を踏み入れたとき、まるで一九七二年に逆戻りした気分になるという副作用をともなう。

●若い独身女性は、ひんぱんに楽しむ。

冷えたシャルドネやフルーツドリンクのあるところ、かならず女性たちの、笑い声をあげたり日常の細かなことをおしゃべりしたりしている姿が見られる。

いまだに従来のカップルや家族に目を向けているさまざまな業界では、「女性グループ」向けのパッケージがヒットする可能性はきわめて高い。旅行がその最たる例だ。今は「女友だちどうし《ガールフレンド・ゲッタ》の旅《ウェイ》」というパッケージが大当たりしていて、雑誌でもウェブサイトでもやたら取り上げられている。米国自動車協会の調査によると、アメリカで過去三年間に女性の親族や友人たちだけで旅行に出たことがあるのは二四パーセントで、三九パーセントが今後三年のうちにそうした旅行を計画しているという。だとすれば、レストラン、ホテル、小売店、文化活動、カルチャーセンター、スポーツジムなど、女性たちが行くところどこででも、「女友だちどうしの〇〇」というパッケージが大きな意味をもつことになる。

若い女性たちは友人のための誕生日パーティやプレゼント、ブライダルシャワーなど、ことあるごとにお祝いと称してカクテルや食事にお金を使うし、それだけの余裕もある。あなたの会社の製品やサービスをプレゼントとして手軽にパッケージできる方法があれば、新しい顧客を獲得できる見込みは高いだろう。若い女性たちはどこかでプレゼントを買う必要があるのだから、あなたの会社がそのお手伝いをすればいい。

●「ガール・パワー」がアピールする。

いわゆる「ガール・パワー」を表出しているブランドは、十代前半の子どもたちだけのものではない。たとえば、ふたりの姉妹が経営するコスメのベネフィットという会社は、とてもしゃれっ気がある。その製品には、「サム・カインド・ア・ゴージャス」「ハニー、スナップ・アウト・オブ・イット！（ねえ、元気出して！）」「バッド・ギャル・ブルー」といった名前が並ぶ。若い女性たちはこの会社の「キッチュでレトロでガーリーな」メッセージにひきつけられている。そのシンボルの最たるものは、映画『キューティ・ブロンド』でリーズ・ウィザースプーンが演じた主人公だろう。彼女はピンクのハローキティのバッグを持ち歩きながら、ロースクールに通っているのだ。

●会社が語りかけてくるとき、女性は敏感にそれと気づく。

かつてカップルの領分だったカテゴリーへの認識を改めることも重要だ。右手にダイヤモンドのリングをはめることを勧める大々的なキャンペーンは、ぜいたく品をどんなメッセージつきで売るかという最高の例だろう。デビアスの子会社であるダイヤモンド・トレーディングが仕掛けた有名なマーケティングキャンペーンは、女性がダイヤを身につけるのに男性は必要ない、自分で買って右手にはめればいい、と語りかけるものだった。これは二カラットの宝石なみに輝かしい戦略だった。

シティバンクも、巧妙な「女性と仲間たち」のキャンペーンで有名になった。「小さなローンでビッグな女性に」といったメッセージで、ターゲットの女性たちにアピールしたのだ。ここで同社は、ウィットに富んだ文句とまじめなメッセージを効果的に並べてみせている。

世界的トレンド③
出生率の低下が、少ない子どもにたくさんのモノを与える

ああ、子どもにもどりたい……あんなにいろんなものが手に入るなら！

先進国はもちろんのこと、多くの途上国でも出生率が低下しているが、親は子どもや赤ちゃんにかつてないほどのお金をかけるようになっている。アメリカの年少者向け商品の市場は年間ほぼ九〇億ドルで、一九九五年当時の二倍以上の数字だ。

いまではほとんどの大人にとって、子どもをもつかどうかはライフスタイル上の選択の問題となっている。米国国勢調査局によれば、出産適齢期の女性の半分近く（四四パーセント）が子どもをもっていない。ひとりしか子どものいないアメリカ人女性は二〇年で二倍以上に増え、ほぼ

四分の一となっている。平均は相変わらずふたりだが、この数字は、ほかの先進国とくらべれば比較的高い。とくに出生率が低いのは日本とイタリア（女性ひとりあたり一・三人）で、両国の政府はこうした傾向を逆転させる方法はないものかと躍起になっている。歴史的に見て大家族の多い国でさえ、出生率は下がりつつある。たとえばメキシコの出生率は、女性ひとりあたり二・三人となった。

小家族が多い理由は、それこそ親の数だけある。結婚の時期が遅かったせいで、生物学的にたくさんの子どもをもてない女性がいる。仕事と家庭生活をなんとか両立させるには、一人っ子でないとむりだと考える女性もいる。そしてもちろん、自由を謳歌したいので子どもはもたないという男女も多い。でも私たちはまだ、選べるだけ幸せだ。中国では一九七九年に制定された一人っ子政策がいまだに続いている。もっとも地方では無視されることも多いし、お金持ちは罰金を払ってふたり以上の子どもをもっているのだが。

世界的に見ても、数少ない大事な子どもたちに親がかける時間と関心、お金は増える傾向にある。中国の「小皇帝」（甘やかされた一人っ子）現象から、八五〇ドルもするブガブーのベビーカーに乗っているアメリカの乳幼児まで、中流、上流の赤ちゃんたちはとても恵まれている。そして今の子どもたちはモノに囲まれているだけでなく、親との関係も根本的に変わり、時間と関心、チャンスをたっぷり与えてもらっている。

近所のスターバックス、一流レストラン、ブティック、はてはバーまで、親は子どもをどこへでも連れていく。そして子どもが大きくなっても、親はその生活に深く関わろうとする。少子化の影響で、親は籠のなかの少ない卵をできるかぎりうまく孵《かえ》そうと心に決めているのだ。

お金を出して買えるものなら、子どもには惜しみなく最高のものを与えたい――そんな現代の傾向は、以前には考えられなかった新しい産業を生み出しつつある。子どものためのぜいたくなパーティの企画からデザイナーズブランドのベビー製品まで、世界経済は新しい顧客層の出現に沸いている。

こうしたデータから、あなたの会社はどういった洞察を引き出せるだろうか。

●歴史上のどの時期よりも母親の年齢が上がり、教育レベルは高く、経済的に豊かになっている。

幼稚園の行事に、四〇代なかばの身なりのいい保護者が来ているという光景も、いまはもうめずらしくはなくなった。そして学校は親に対して、ひと昔前には考えられなかったほどの関わりを求めてくる（皮肉なことに、昔のほうが親には時間があっただろうけれど）。

教育のある女性たちの多くが、管理職のポストからはずれて、「プロ－タイアメント（仮引退）」に入る。この巧みなネーミングが表しているのは、会社の役職から早期に離れ、かわりに家族の生活を管理するという新しいかたちのキャリアだ。こうしたお母さんたちが、企業で発揮していた交渉能力を幼稚園や遊び場、ＰＴＡの会合に持ちこみ、この国の豊かな地域の学校やコミュニティの空気を一変させつつある。

ジンボリーからリープフロッグまで、子どもに早期教育を提供する企業の製品が、こうした女性に広く受け入れられている。また母親はわが子のいろいろな活動にエネルギーを注ぎこむため、子どもたちの居場所がいつでもわかるソフトや電子装置が売れるという興味深い現象もある。

●情報に通じた子どもたちが、親の意思決定に影響を与えている。

家庭で何かを、とくにテクノロジーのからんだ製品を買うときは、子どもの意見が意思決定の大きなウェイトを占める。シングルマザーは夫のいる女性以上に、製品の購入や技術上の問題に子どもを関わらせる傾向がある。

子どもは膨大な広告メッセージを受け取る側にいるので、小さなころからブランドにはうるさく、その知識は親に買ってもらうブランドにも影響をおよぼす。うちの六歳になる甥っ子は、誕生日にダースベイダーの腕時計がほしいといいだした。『スター・ウォーズ』は見たことがないし、ハリソン・フォードやキャリー・フィッシャーも知らないのに。『スター・ウォーズ』のマーケティングシステムは三〇年以上たったいまも衰えることなく、おもちゃ、人形、ゲーム、前編、続編のブランディングを通じて新しい世代を獲得している。親やお祖父ちゃんお祖母ちゃんのノスタルジーをうまくかきたてることで、こうした製品にお金を使わせているのだ。

●多くの子どもたちが、以前は大人のものだったぜいたく品に囲まれて育っている。

二歳の子が親と一緒に飛行機のビジネスクラスで旅行したり（働いている親がためたマイレージを使って）、子どもがホテルで誕生日パーティをしたりと、子どもにとってのぜいたくの基準は年々高くなっている。親たちは、近所の子みんなが入れる空気式のおもちゃの家を借りるか、全員を遊園地に連れていくかしなくてはならないようなプレッシャーを感じる。子育ての費用は、たしかに安くなってはいない——それどころか別の次元に向かいつつある。

裕福な子どもたちを相手にするサービス業に、親たちはお金を惜しまない。子どものための美容院、陶芸教室、スパなど、大人のぜいたくの子ども版がどんどん増えている。少子化の影響で、親が平気で子どもに大人なみのお金をかけようとするのだ。また年をとってから子どもができるため、過去の世代では考えられなかったほど、自分たち大人の世界に子どもを連れていく機会も多くなっている。

世界的トレンド④
離婚経済学

結婚は男女間のプライベートな決断とみなされるが、離婚は周囲の人たちに幅広い影響をもたらす。弁護士の料金や調停や裁判の費用、子どもの養育費、医療保険の手続き、はては養育権のない親を子どもがひとりで訪ねるときの交通費など、消費者経済への影響も大きくなっている。離婚は少なくとも一回、多くの場合二回の引っ越しをともなうし、大量の個人消費を生み出す。

映画『タラデガ・ナイト』に出てくる男の子はこういっている。「親の離婚はどうかって？　うん、クリスマスが二度あるよ！」

日本や中国、韓国でも離婚率は高まる一方で、イタリアでは過去一〇年に二倍になった。結婚が最も神聖な文化的制度だとされるインドでさえ、増加傾向にある。

過去の女性たちは、離婚後に夫の収入や援助を失うため、低い生活水準に陥っていた。この状況はまだなくなってはいないが、しだいに改善してきている。いまでは既婚女性が自分で給料を稼いでいて、離婚の時点ですでに職についていることも多いからだ。その結果、女性たちの一部では、いまや離婚はお祝いごとであり、女友だちが集まってパーティを開く理由となった。これは何十年か前の、離婚が社会的、道徳的にはなはだしい不名誉とされていたころには考えられなかった新しい現象だ。

欧米の国々では、離婚届を出すのは大半が女性だ。意に反した結婚を解消できるだけの経済的自由があるのが理由のひとつ。もうひとつの理由は、母親が子どもの親権を手にできると自信をもっていることだ（途上国の多くの地域ではかならずしもそうではない）。

世界のあらゆる場所で、離婚はありふれた人生の現実となりつつある。この傾向を引き起こしている要因は以下のとおり。

●世界の多くの国で、女性の教育レベルや収入が高くなるにつれ、純粋に経済的な理由で意に反した関係から抜け出せない人が減っている。

●途上国の多くでも、女性が個人としての法的権利を手に入れる方向に進んでいる。また、恋愛感情や自己実現といった欧米的な考え方に触れることも多くなっている。

●過去二〇年間に、ほとんどの国では夫婦が離婚しやすくなった。たとえば中南米のカトリック国でも、いまでは離婚が認められている。二〇〇四年には、西半球で残った最後の国、チリでも離婚が法律で認められた。

●男性が愛人をもつのがめずらしくない社会、たとえば現代中国の大都市では、女性が夫に反撃してこういう。「私と愛人の両方はむりよ。彼女と別れたくないなら、再見《ツァイチェン》ね」

この章に出てくるトレンドのいくつかを体現する、ある離婚女性の生活をのぞいてみよう。実在の人物だが、キャサリンという仮名で呼ぼう。この話を読みながら、あなたの会社の製品やサービスを彼女の生活にどのように当てはめられるか、想像してみてほしい。

キャサリンは二五歳のとき、大学時代からの恋人トムと結婚した。お似合いのカップルだったが、どちらにもよくわからない理由からしっくりいかなくなった。ふたりの溝は広がり、トムは職場の女性と関係をもってしまった。八度目の結婚記念日のすぐあとに、キャサリンは離婚訴訟を起こした。裁判官は四歳になる息子の共同養育権を認め、ふたりは平和的なかたちで養育の義務を分かち合うことになった。

その後キャサリンは再婚し、新しい夫とのあいだに女の子が生まれた。彼女もトムも仕事はフルタイムだ。両方の祖父母が子どもの世話や送り迎えを手伝ってくれるので、自分たちはラッキーだと感謝している。キャサリンの娘はトムや父親の違う兄と一緒に過ごす時間が長い。

結果的にトムは、自分とは血のつながりのない、法的にも自分の子でない小さな女の子の世話をすることになるが、おおむねそれを楽しんでいる。たしかに複雑な状況だし、ときには三組の祖父母が同時に関わってくることもあり、休日などは大騒ぎになるけれど、なんとかうまくやっている。トムの息子は二つの寝室に二組の衣類、二台の自転車、二台のプレイステーションをもち、少なくとも年二回誕生日パーティを開いている。

働く母親として、仕事と子どもの養育をこなし、元の夫と新しい夫、そして半分きょうだいになる子どもたちのあいだで時間をやりくりするキャサリンのような離婚女性が、現代アメリカにはおおぜいいるのだ。

離婚後は「自分が主役」

離婚が広くいきわたったことで、多くの女性の人生に、ある特異な独身の時期が生まれた。つまり、何千万人もの独身女性たちが、つぎの三つの時期のどれかに当てはまるということになる。

①二〇代：結婚前
②中年：半分近くが離婚するため
③晩年：女性のほうが男性より長生きするため

この二番目の時期は独特だ。まず第一に、女性と男性とでは離婚に対する反応の仕方が違う。悩みの種が（理論的に）なくなれば、女性は新しい自分に生まれ変わろうと心に決め、外見から仕事、ライフスタイルにいたるまで、新たに再スタートを切ることを目標にする。夫との生活で、長いあいだ自分の趣味嗜好や欲求を押し殺してきた女性たちには、外に出て好みの服や家具、食べ物、自動車、装飾品を発見するのは心躍る経験だろう。そして旅行をしたり、いろいろなことを経験し、これまで知らなかったことを味わいたいと感じる。

家族の変化をポジティブにとらえる時代へ

ビジネスに携わる人たちには、離婚はやっかいな問題かもしれないが、私たちが好むと好まざるとにかかわらず、家族や家庭の概念は変化している——そしておそらくもう元にはもどらない。アメリカでは史上初めて、従来のいわゆる核家族が、家族のあり方として少数派となった。こうした現実のポジティブな側面を、あらゆるイメージやマーケティングのメッセージ、セールスの言葉などに反映させるべきなのだ。

厳粛な事実がひとつある。アメリカの赤ちゃんのなんと三分の一は、未婚女性のもとに生まれている。そして全世帯の四分の一以上（二七パーセント）を独身女性が切り盛りしているのだ。核家族だけを考えていては、離婚した独身女性、つまり自分の家庭の購買力を一〇〇パーセント担っている女性たちをカヤの外においてしまう危険がある。上級管理職の男性たちは、結婚して子どももいる人が多いので、自分の経験にひきずられて、別の現実をかかえる顧客たちのための対策が遅れることのないよう注意しなくてはいけない。

では、ビジネスに活かせる洞察には、どんなものがあるだろうか。

●離婚のあとは男女とも、本来の自分をとりもどしたいという気持ちにかられる。

女性にはいつも、新しい自分に生まれ変わりたいという願望がある。こうした欲求をかきたてるメッセージは、とりわけ人生のこの時期には強く訴えかける。ライスシャワーならぬ離婚のシャワー、「リニューアル」パーティなどのイベントを、さまざまなホテルやデパート、観光地が売り出しはじめている。アメリカ社会はいまや、離婚の文化的セレモニーの黎明期《れいめいき》にある。こうしたセレモニーの発展に一役買えるビジネスを考えよう。女性は人生のつぎのステージに乗り出すとき、サポートや応援を求めるので、パーティや「お祝い」はとても魅力的だ。スポーツジムからサロン、スパ、食料品や服飾品まで、あらゆるところにビジネスチャンスがある。離婚したての女性に自信やポジティブなエネルギーを注ぎこむような「再出発」のプログラムを売りこもう。

●引っ越しのたびに、新しい家具や日用品、食料の備蓄やキッチン用品が必要になる。

小売業界は結婚記念の品だけでなく、離婚記念の品といったものも考えたほうがいい。離婚した友人や親戚に、ほんとうにほしい贈り物を選んでもらえるようにするのだ。離婚した人たちは、ただ失くしたものを補うだけでなく、これがポジティブな始まりだと感じられるような新しい品がほしいと思うものだ。

学校に通う子どもの親が離婚した場合、あらゆる子ども用品がそれぞれの家に必要になることもある。

●離婚した女性には、いくつかのサービスが必要になる。

とくに重要な意味をもつ業界は、つぎのとおり。

金融サービス　銀行や保険会社にとっては、「離婚の専門家」を売りこみ、依頼主が予期しなかった将来設計という難事業のお手伝いをするチャンスだ。

雇用　子どもの養育権をもっていても、子どもをフルタイムの保育に預ける余裕のない母親は多い。そんな女性を雇用する機会はたっぷりある。コールセンターの人材派遣会社や、ジャフラ、エイボンといった訪問販売の会社は、女性の自宅からの勤務を可能にすることで、こうした労働力を活用している。たとえばジェットブルー航空は、ソルトレークシティに七〇〇人の在宅オペレーターを抱えている。

子どもだけの旅　こんな時代がくるとは予想もつかなかったが、養育権のない遠くの親を子どもがひとりで訪ねるときのために、航空会社や空港の新しいサービスが必要になっている。

世界的トレンド⑤
高齢の女性たちの存在が、ターゲットの設定を見なおさせる

ローズマリー・ブレナンは、テキサス州オースティンの不動産業界では人気者だ。いつもぴかぴかのレクサスSUVで飛びまわり、街の北西部一帯の家の前庭に「売家」の札を立てていく姿が見かけられる。仕事以外の時間は、女友だちとランチに出かけ、個人トレーナーとワークアウトをし、お気に入りの店でショッピングを楽しみ、ディナーパーティを開いてお客を招く。つい最近もオーストラリアへ三週間の冒険旅行に出かけてきたばかりだ。地元の独身者サークルに入ることも考えないではないが、時間がとれるかどうか。それにだいたい、結婚には興味がない――旅行や夕食を一緒にできる相手がいるのはいいかもしれないけれど。

ローズマリーは六九歳の未亡人だ。私の母親であると同時に、新しいタイプのシニアウーマンでもある。活動的で人生に前向き。クレジットカードもどんどん使うし、家計を一手に握ってい

る。

アメリカのマーケティング担当者は、高齢者層を「ゲットー」に押しこめる傾向がある。彼らの目に映る四九歳（多くの広告ターゲットの上限）以上の人たちは、頭がぼけて頑固な、総じて顧客になりようのない存在ということらしい。でも、これはカビの生えた認識だ。世界的な高齢化という新たな現実にかんがみ、早急に修正の要ありだろう。

アメリカでは、ベビーブーム世代（一九四六年～一九六四年生まれ）の女性のほうが、X世代（一九六五年～一九八〇年生まれ）の女性より数が多い。欧米だけでなく世界中で、高齢化はビジネスチャンスとなる。韓国、タイ、台湾、シンガポールの平均年齢は、二〇五〇年には四〇歳になるだろう。日本は世界で最も高齢者人口が多い。

高齢化が社会やライフスタイル、引退、住宅事情、医療、個人消費におよぼす影響は、まだ始まったばかりだ。また女性は男性よりも五年から一〇年長生きするので、高齢者の大多数が女性になるということも予想がつく。

経済面から見るなら、アメリカの五〇歳以上の人たちは、ほかのどのグループよりもたくさんの資産をもっている。何十年も働いて稼ぎ、投資してお金を貯めてきたのだから、当然といえば当然だ。全米退職者協会（AARP）によると、五〇歳以上が金融資産全体の七九パーセント、預貯金の八〇パーセント、株式市場に出回るドルの六六パーセントを握っている。

ベビーブーム世代の女性は、夫よりも長生きするし、両方の親と夫から遺産を受け継ぐ立場にいる。高齢者の人口と、彼女たちが握っているお金は、最近の株価の暴落を考慮に入れても莫大な額になる。しかもベビーブーム世代の大半は、定年を過ぎても働く意欲満々だ。そこに新しいビジネスチャンスが現れてくる。現実の個人消費の点では、若年層は高く評価されすぎなのだ。

これまでずっと見過ごされてきたことだが、この年齢層の女性たちは歴史上のどのグループよりも時間の余裕があり、消費財にお金をかけようという気持ちも総じて強い。若いあいだずっとちやほやされてきた世代なのに、今になってマーケティング担当者から露骨に無視されることにがっかりしている人たちもいる。そしてこれはもちろん、チャンスでもある。

二〇〇六年には、ユニリーバのブランド、ダヴが従来のステレオタイプをくつがえし、さまざまな年齢や体重の女性を扱った広告を展開した。この有名なキャンペーンは、ユニリーバが高齢化と美の認識について世界的な調査をおこなったすえに生まれた。調査によると、五〇歳から六四歳の女性の九一パーセントが、メディアや広告は五〇歳以上の女性たちの現実的なイメージを伝えるようにするべきだと感じていた。また女性全体のほぼ六〇パーセントが、どの雑誌を見ても、まるで五〇歳以上の女性はどこにも存在しないようだという印象を抱いていた。ポップカルチャーの視点からは、多くの女性は見えない存在なのだ。

こうした話は、女性たちにとっては意外ではない。なのにニュース種になるのは、これまでどの大手ブランドもこの問題を論じてこなかったからだ。私たち消費者は、ほぼ全裸の体にエアブラシで修整をかけられたティーンエイジャーのモデルに慣らされていて、現実にはあんな女の子たちがほとんどいないことをつい忘れがちだ。またその一方で、だれもが女優のダイアン・キートンのように優雅に年をとれるわけでもない。なのに雑誌やテレビ番組を見るかぎり、そんなふつうの人たちは、メディアには存在しないも同然なのだ。例外があるとすれば、大人用おむつやサプリメントといった製品のコマーシャルぐらいだろう。

ＡＡＲＰがおこなった大規模な調査によると、四五歳から九〇歳の女性たちは、今の自分は以前よりも幸せだと感じている。つまり、人生の後半は前半よりも暗いという神話は、とくに女性に関しては誤りだということだ。女性はいろいろな意味で、年をとるほど自由を感じられるようになる――こんなふうに振る舞うようにと社会が押しつけてくる期待や、若い男性にセックスアピールをしなくてはならないというプレッシャーから解放される。高齢の女性はもう他者の承認を必要としない。自由な自分でいられる。男女を問わず、これ以上の解放感はないだろう。

こうしたデータから、ビジネスのための洞察を引き出すことができる。

●若々しさと年齢的な若さには、大きな違いがある。

高齢の女性たちは、それなりに自信をもっていて、むりに自分を二〇歳に見せようとはしない。それどころか、自分がもう二〇歳でないことにほっとしている。

鏡に映る姿がどうだろうと、高齢女性の多くは、自分の中身はもっと若いと感じているし、そんなふうに気を若く保つのに役立つような製品を求める。そこにあるのは、未開拓のビジネスチャンスだ。これは化粧品業界に限った話ではない。失禁といったあまりセクシーとはいえない高齢化の副作用に対処する、下着その他の製品はどうだろう？　医療用品の最大手キンバリークラークは、アメリカ人の高齢化が一挙に進むことを予想し、使い捨て下着のシリーズを見直していると発表した。二五年におよぶブランド史上初めて、男女の体の違いに応じて股ぐりに工夫を施した吸収性の下着を扱おうとしているのだ。

でもこれは、ほんの氷山の一角でしかない。おしゃれな外見だけれど、大きなボタン、高い音量調節、大きな文字で読めるＬＣＤパネルのついたハイテク製品はどこにあるのだろうか？　デザイナーズブランドの矯正靴はどこに？　高齢女性用のクールな服は？　五〇歳を過ぎると、手頃なジーンズを探すのもたいへんだ。この傾向は六〇、七〇、八〇代と進むにつれてますますひどくなる。

まだまだ若く、元気にあふれたこの年齢層の人たちにとって、ぜいたくという言葉の定義はいくらでも広くなりうる。ところが皮肉なことに、五〇歳以上向け製品の世界には、ぜいたくなものがあまり見当たらないのだ。

広告の側から見ると、この年齢層の人たちの若々しさと、現実の描き方のバランスをとるのはなかなかむずかしい。女性はいくつになっても、自分は若々しく魅力的だと感じられるようなイメージを求めるからだ。でも、若々しさは、ただの若さとはおなじではない。すてきな高齢の女性の写真にも、女性たちはよい反応を示すだろう。昨年、五一歳のエレン・デジェネラスが『カバーガール』の新しい顔に指名されたのは、若さや高い頬骨だけを売り物にするのでない等身大の女性たちを賛美しようという新しい動きの表れだ。

●ベビーブーム世代の女性たちは、新しいブランドや製品も受け入れる。

あなたはまだ、二〇年前とおなじブランドを買っているだろうか？　たぶん違うだろう。年をとるにつれて、好みも変わる。また人は年齢と経験を重ねるほど、お金を稼げるようになる（一般的には）。しかもインターネットのおかげで、新しいブランドや製品の情報は毎日のように入ってくる。

あいにくなことにマーケティングの分野には、高齢者のブランドの好みは変わらないという通念が染みついている。これは大恐慌を経験したベビーブーム世代の親の消費習慣からくる誤った印象だ。ベビーブーム世代、とくに女性には決してあてはまらない。

子どもが手を離れた女性たちは、自分のためにお金を使うことができる。多くの女性にとって、初めて自分を子どもより後回しにしなくていい時期がやってくるのだ。うちの母親は、五人いた子どもが成長して家を出ていったあとで、新しいレクサスSUVを買い、私を驚かせた。それまでずっとステーションワゴンや平凡なセダンに乗っていたのだ。実は「ホットな」車が好きだったなんて、ぜんぜん知らなかった。

人生のこの時期になると、女性はすでにモノはいっぱいもっている。彼女たちがほんとうに重視するのは、新しい経験をしたり思い出をつくることだ。こうした段階にある女性たちは、ほんとうの喜びや興奮を感じられる。健康さえ保っていれば、たくさんのチャンスが開かれているのだから。一般的にいえば、学びたい、旅行したい、もっと教育を受けたいといった意欲が強く、その助けになるような会社やブランドにひきつけられる。

●健康は高齢女性にとって大きな心配ごと。みんな愛する人たちの重荷になることを恐れている。

ヨガのクラスから水中エアロビクス、グループランニングまで、高齢の女性はさまざまな方法で体を動かしつづけている。一九九〇年以降、ヘルスクラブの五五歳以上のメンバーは四一一パーセントも増加した。

フィットネスクラブのカーブスは、一八歳から三四歳までの消費者をターゲットにするという一般の傾向に逆らってきた。四〇歳以上の女性消費者はふつうスポーツジムと聞くと及び腰になるが、カーブスは女性だけの落ち着いた快適な環境をつくることで、彼女たちをひきつけている。世界で最も急速な成長を遂げたこのフィットネスクラブのチェーンは、大手直販店のエイボンを通じて、カーブスのブランドの衣料、シューズ、ワークアウト用品を販売するほか、ジェネラル・ミルズを通じてシリアルやスナックまで売っている。このブランドが効果的に広まった結果、メンバーたちはフィットネスクラブの建物を出たあとも、カーブスのライフスタイルを実践できるようになった。そして最も重要なのは、ほかの方法ではスポーツジムに寄りつかないような高齢女性たちまで取りこめているということだ。

●高齢者は、自分たちの存在はアメリカの文化に反映されていないと感じている。

「つながっている」と感じることは、健康や生きがいの感覚の大きな部分を占める。アメリカのポップカルチャー環境は、五〇歳以上の人たちをターゲットにした映画、テレビ番組、雑誌などを見ると、お寒いかぎりだ。外国に旅行して最初に気づくことは、アメリカとは違って、テレビのニュースキャスターやメロドラマの俳優たちがさまざまな年齢層にわたっているということだ。私たちは船に乗り遅れ、その船と一緒に莫大なドルが消えていこうとしている。

●高齢者は自分たちが思う以上に、孫のために役立っていることが多い。

祖父母が提供する時間とお金の援助は、社会の経済的な力となっている。多くの家庭で、彼らは孫の世話や教育費、「いざというときのための」積立金などで大いに貢献している。いくつかの調査では、祖父母の二二パーセントが、孫の大学の学費を援助していることがわかった。子ども用の製品やサービスを売りこむ場合、お祖父ちゃんお祖母ちゃんに働きかけるというのは名案だろう——家族のなかで唯一その余裕のある存在かもしれないからだ。

世界の女性たち——インドと中国

世界じゅうの女性たちのおそろしく多様な暮らしぶりを考えるときは、さまざまな国をひとつの進歩の連続体として見るとわかりやすいだろう。女性の公的領域への参加の点でいえば、先進国が最も進んでいて、それが経済の安定性にも反映している。インド、中国、ロシア、ブラジル

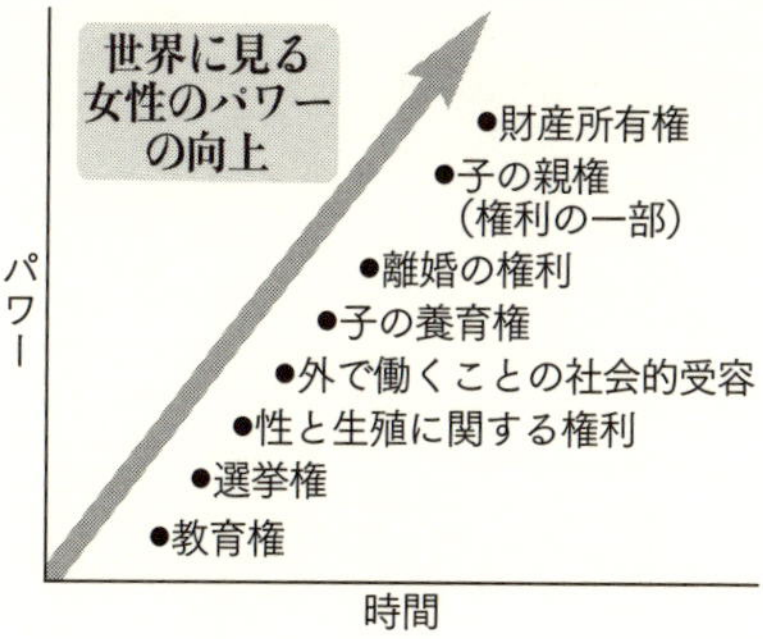

といった新興経済国は、まだ先進国からは遅れているものの、成長の一途をたどっている。当然のことだが、ほとんどの新興国では、女性が経済に全面的に貢献するようになるまでには長い道のりがある。歴史的にみると、女性による経済への参加は上図のようなパターンをたどる。

　世界規模の成長および拡張といえば、欧米の企業はインドと中国にぴったり照準を合わせている。この二つの国の女性たちの暮らしぶりをざっと見てみるのも有意義だろう。彼女たちは発展中の国の経済を後押しする、強力な購買層なのだから。

インドの女性たち

インドの女性たちや文化をもっとよく知ろうと二度旅行したが、そのたびに答えよりも疑問が増えるばかりだった。どうしてもひとくくりにすることのできない国、それがインドだ。数えきれないほどの言語、宗教、伝統、料理、娯楽があり、際限なくカラフルで、とても全体は捉えられない。それでも、インドの女性たちに影響をおよぼしているいくつかの大きな主題を理解しておくことは、企業がこの国の市場に参入するうえで重要だろう。

問題の核心はつぎの点にある――インドの女性、とくに中流と上流階級の女性たちは、現代性《モダニティ》と伝統の板ばさみになっているということだ。

インドでも少しずつ、賃金労働を始める女性が増えているのはたしかだが、その進出ぶりはほかの途上国にくらべて遅い。教育ある女性が結婚し、子どもを産んだあとで外に働きに出るとなると、まだまだ眉をひそめられることが多いのだ。しかしこの国の雇用機会が増えるにつれ、仕事に就く女性たちも着実に多くなっている。二〇〇〇年には二六パーセントだったのが、二〇〇五年には三一パーセントに上昇した。航空会社とコールセンターの成長から、客室乗務員やコールセンターのオペレーターをつとめる女性が一般の目に触れるようになってきた。またその一方で、地方に住む大多数の女性たちは、作物の生産や手工芸品の製作など、あらゆるかたちで働いて家にお金を入れている。インドの地方部で生計を立てるために仕事をしている女性は数えきれない。

この国の階層社会では、どのカーストであれ、いまだに妻と母親であることが女性の最も重要な役割だとされる。女性たちはプライベートな領域で、途方もなく大きな「非公式の」権力をふるっている。ほぼすべての消費カテゴリーで、家族のために主な意思決定をおこなう立場にある。この国にはおよそ五億人の女性がいるのだから、インドの女性が経済的に力をもっているという言い方は、ボリウッドがたくさんの映画をつくっているというのとおなじで、控えめにすぎるかもしれない。

ただし文化的な面では、女性は大きな社会的制約を受けている。暗黙の決まりごとや明示された決まりごと、社会的な決まりごと、宗教的な決まりごとがあり、そのすべてに従わなくてはいけない。三〇代後半から四〇代の女性たちは、とくにそれで苦労している。「私たちの母親は、伝統的な役割を生きています」。インド版『マリ・クレール』の編集長、シェファリー・バスデブはいう。「娘たちは、全面的に反抗したり、少しだけ反抗したりする。あるいはまったく反抗しない娘もいる。女性は個人の自由を抑制されるし、いろいろな決まりごとがある。一世代だけで解決することではありません。私たちのあとの世代は、少しは楽になるでしょうけれど」

インドの主要な宗教はヒンドゥー教だが、世界最大級のイスラム教徒人口をもつ。社会的にみるなら、インドは保守的な国で、とくに恋愛についてはきびしい。おおっぴらにデートをするのはまれだし、結婚した夫婦ですら、人前での愛情表現には眉をひそめられる。この十年間につくられたインドの映画は、登場人物ふたりが慎み深いキスをかわすところを見せるだけだった。同性愛は話題にものぼらないし、その存在もまず認められない。女性は貞淑、純潔を求められる。

結婚：若い女性にとっての成功の定義

結婚前の若い女性は、「箱入り」の状態だとされる。ほとんどの女性が（男性も）結婚までは両親と同居する。女性が結婚すると、夫の両親の家に入ることがめずらしくない。結婚年齢はいまだに平均で二〇歳を少し下回る。インド社会では、結婚は人生で最も重要なもので、赤ちゃんが生まれたときから、親はその子に合った結婚相手が見つかるかどうか心配しはじめる。娘を外国の大学にやるような富裕な階層でも、よい結婚はよい職業より大事だと考えられることが多い。

けれども新しい調査によると、今では主婦の大半が働いてお金を稼ぎたいと考えているという。こうした新たな志向は、インド全体の出生率の低下（女性が家の外で働きやすくなる）や、女性の教育が社会的に認められるようになったことと相まっている。事務職というかたちの仕事が増えたおかげで、女性も公的な領域に進出し、男性と肩を並べてもかまわないという社会的な合意ができた。ただし小売店やレストラン、コーヒーショップなどで働くのは下層階級のすることであって、育ちのいい若い女性にはふさわしくないとされる。

家族が大事

家族はインド人の生活の最も重要な側面だ。これはこの国の文化全体にいえることで、毎年何千本とつくられるインド映画の内容にも反映している。核家族という発想はインドでは目新しいものだが、中流階級の資産が増えたことで一般的になってきた。ほとんどの人たちはなお大家族とはいえ、「新たな」お金を手にした若い人たちやキャリアウーマンたちは、核家族で生活するための足がかりを築いている。

インドの家庭では男性が王様で、若い女性はかならず男の赤ちゃんをほしがるし、家族から男の子を産むようにという重圧がかかることも多い。息子をもつようにとの要請は社会全体からのもので、そのメッセージはかなり露骨に、広告やテレビ、映画のプロットなどにも描かれる。また女の胎児を中絶する習慣が、とくに富裕層を中心に広くおこなわれているため、政府は医師たちが超音波検査で判明した胎児の性別を明かすことを禁じる法律を定めた。

インドの男性たちは、家族の女性にかしずかれることに慣れている。そのため、昔かたぎの男性にとって、妻が外に働きに出ることはなかなか認めづらい。男性の両親も嫁に世話をしてもらうのを期待するので、女性には四方八方から圧力がかかってくる。男性の視点からみれば、妻が外に働きに出ても、いいことはほとんどない。『マリ・クレール』編集長のバスデブがいうように、「男性が王冠を手放すのは容易でない」のだ。

都市と地方

ムンバイのお金持ちは、インドの地方に住む人よりも、ニューヨークの住民と共通する点のほうが多い。国民のおよそ三〇パーセントは一日一ドル以下の稼ぎで暮らしているが、なかには王侯貴族のような暮らしぶりの人たちもいる。欧米の企業の大半が拠点にしているインドの八大都市は、ムンバイ、デリー、コルカタ、ハイデラバード、バンガロール、チェンナイ、アーメダバード、プーナだ。しかしそれより小さな都市にも利点はある。大都会は忙しい人たちばかりだが、地方には夢と希望にあふれた働き手がいるからだ。今後四〇年で、インドの都市部の人口は、控えめに見積もっても三億七九〇〇万人は増えるとみられる——これは現在のアメリカの人口よりも多い数だ。

現代のインド女性

商業的な見地からは、インド女性の研究はあまり進んでいない。ただ状況は変化していて、古いステレオタイプは現実にとって代わられつつある。「インドの女性は、ほかのだれかに犠牲を強いることなく、この世界のなかに自分自身の居場所を求めているのです」とサントシ・デサイはいう。フューチャー・ブランズのＣＥＯで、この国で最も有名な広告のプロのひとりだ。「かつて女性には、何も残されていませんでした。義務につぐ義務で疲れきっていました。しかしいまは変化の時期です。みずから世間を渡っていくことで、自信と自制の感覚が生まれてきています」

インドの小売業

インドではクレジットカードの普及率が低く、大きな商品の購買力という点ではそれが影響をおよぼしている。オンラインショッピングはまだ一般的でない。少なくともいまの時点では、インドでの買い物とは本能にかられた、肘で人をかき分けて掘り出しものをあさるという体験だ。あふれるエネルギーに人ごみ、大騒ぎの連続である。多くのインド人の目に、欧米の客商売は退屈で受身に映る。フューチャー・ブランズのデサイがいうように、「インドでは、美術の展覧会のような店はあまり受けません」

まとめていえば、女性の雇用率が上昇し、出生率が下がり、中流階級が急速に勃興していることで、インドの女性が経済に果たす役割がぐっと大きくなる兆しが見えている。国際的な企業の難問は、インドの強力な文化とプライドの意識にどうやってアピールするかだろう。アメリカ生まれでムンバイに住む経済界の若き新星、ローパ・プルショタマンは、よくいわれる言葉をひいて説明した。「外からやってきて、インドを変えられる人間はいません。みんなここへ来ると、本人たちが変わるのです」

中国の女性たち

現代中国は、多くの国ではめずらしいことだが、ずっと男女平等の実現に力を入れてきた。一九四九年に毛沢東が実権を握り、「天の半分を支えるのは女性である」と宣言して以来、中国の女性はずっと労働に従事してきた。共産主義のもと、男女の平等が（少なくとも理論的には）実現したのだ。働きたい女性はほぼ全員、国営の工場で雇用され、子どもたちには学校と保育施設が無料で提供された。女性が職につくのは工学、科学、軍事、農業とあらゆる部門にわたった。

一九五〇年代から六〇年代の中国の女性たちは、灰色の人民服と人民帽に身をかため、党を称える歌をうたいながら行進していた。やがて一九六五年に文化大革命が起こり、暴力と恐怖に満ちた騒乱の時代が続いた。一九七九年には人口の爆発的増加を抑えるために一人っ子政策が定められた。その後、非常にゆっくりとではあるが、中国はその巨大な赤い門を世界に向けて開きはじめた。

消費の成長を後押しする若い女性たち

話を現在まで早送りしよう。今では都市部の女性たちが、中国の商品経済の爆発的な発展をうながしている。上海に行くと、おしゃれな女性たちが携帯電話でおしゃべりしながら街をさっそうと歩いている。ことに三一歳から四〇歳までの女性は、最も影響力の強い存在だ。彼女たちは美容、娯楽、旅行、化粧品、衣服、本などに、ほかのどの層よりもお金をかけている。自分たちの国の躍進ぶりを世界に示すために、ステイタスシンボルとなるようなぜいたく品や高級ブランド、ドレスなどを求めているのだ。

さらに若い層、つまり一九七九年の一人っ子政策の制定以降に育った子どもたちの第一世代は、中国都市部の労働力に加わりながら、たっぷりお金を使っている。現代中国の女性たちは、かつてこの国では想像できなかったような自己表現——たとえばファッション、アート、音楽、ブログでセックスやお金についてオープンに書くことにいたるまで——を受け入れつつある。悲惨な文化大革命を経験してきた四〇歳以上の女性たちと、それ以降の若い女性たちとは、世代間のギャップがある。上の世代は、また悪い時代が巡ってきたときのためにお金を貯めようとするが、下の世代はいい時期しか経験していないので、ぱっと使ってしまうのだ。

「小皇帝」の世代

一九七九年以降に生まれた、いま三〇歳以下の女性たちは、上の世代とはまったく違った世界で成長してきた。一人っ子として育ったために、人生のあらゆる局面で、六人の大人たち（両親と二組の祖父母）の恩恵を一身に浴びられるのだ。したがって、大人から関心を向けられ、お金を受け取ることに慣れている。こうした子どもたち、とくに男の子は「小皇帝」と呼ばれ、甘やかされた世代だとされる。結婚するまでは親と同居するので、世界のほかの国の同世代にくらべ、自分の自由になるお金が多い。その結果、若い女性の支出が爆発的に増え、国際メディアでは「ピンク元《げん》」といわれている。

しかし中国では高齢者の人口も多く、お金をもっているのは若い女性には限らない。子どもが手を離れた女性たちの購買力は、二〇一五年には一五〇〇億ドルに達するといわれる。いっぽう若い女性たちの購買力は、おなじ年までに二六〇〇億ドルに達するだろう。健康・美容業界はこうした支出の影響を敏感に感じとっている。高級なブランド品のほしい女性が最初に足を踏み入れるのはこれらの業界だからだ。中国の四〇歳以上の市場に注目している企業はほとんど見当たらないが、欧米と事情はおなじで、こうした女性層はすばらしいターゲットになりうる。

女性たちがファミリーマネーを使う

インドとおなじく、中国の社会も家族を軸に回っている。両親と祖父母のいる大家族で育ち、家族みんなが幸せに暮らすことに強い責任感をもっている。世界じゅうどこでもそうだが、中国でも家族のための買い物をするのは女性だ。既婚女性の七八パーセントが家族の食料雑貨や服など生活必需品の買い物をし、七七パーセントが夫と一緒に大きな買い物をするときも自分たちの意見は重要だと考えている。

一人っ子政策が変わらず適用されている現在、家族はまだ少人数で、女性が子どもを産んだあとも仕事を続けることは比較的かんたんだ（たいていは育児を手伝ってくれる祖父母がそばにいる）。中国の女性を対象にしたある調査によると、たとえ高給取りの夫がいたとしても、八八パーセントは外で働くことを選ぶという。

「しばらくしたら考えるわ」

中国の都市部の女性はたちは、結婚や出産の時期をどんどん遅らせている。首都北京における初婚の平均年齢は二六歳で、一〇年前より二年遅くなった。中国では男の子が好まれるため、若い男性の数が女性よりもはるかに多い。男女の出生比率は女の子一〇〇人に対し、男の子一二一人だ。これは今後、大きな社会問題を生むだろう。結婚年齢が上がるとともに、離婚率も都市では上昇している。都市部での離婚の増加はまた、愛人《あいれん》の存在を浮かび上がらせた。愛人をもつことは、成功した中国人ビジネスマンのステイタスシンボルとなっている。実際の話、「愛人経済」――愛人のプレゼントを買う習慣――が、中国の大都市でぜいたく品が売れる最大の要因だと信じている人たちも多い。

中国でもインドでも、中流の女性たちには潜在的なニーズがある。けれども何がほしいのか、本人たちもまだかならずしも気づいてはいない。欧米で当たり前になっている製品やサービスの多くを、彼女たちはまだ受け取っていないからだ。多国籍企業は現在、富裕層という人口全体の上澄みをすくいとっている段階だが、どちらの国でも比較的小さな都市や、勃興する中産階級にビジネスチャンスが眠っている。中国の中産階級の発展については議論が多いが、ある試算によれば、二〇一六年までにその数は、現在の三五〇〇万人から一億人になるという。

世界のどこでも、女性消費者の優位は長く続く

女性の教育レベルの向上と労働への参加、その結果生じる購買パターンを見るかぎり、女性たちは向こう二五年かそれ以上にわたって消費者経済に優位を占めると考えられる。あらゆる年齢層の女性たちの傾向を研究すれば、女性の求める商品やサービスをどのように提供すべきかがわかってくる。この最強の消費者たちとのビジネスを始めるにあたって、女性消費者の君臨する世界秩序の枠組みを頭に入れておこう。

- ほぼあらゆる消費財のカテゴリーで、女性は財布のひもを握っている。
- 売買の交渉相手が、かならずしも意思決定者というわけではない。外で給料をもらっていない家庭の主婦が家計を握っているケースは多い。
- 女性は男性とは違うジェンダー文化で育てられるので、優先順位や世界観も違っている。女性の文化というものを注意深く熱意をもって研究しなくてはいけない。

●消費財の多国籍企業が成功するかどうかのカギは、女性たちの手に握られている。

女性たちがどこへ行こうとしているのか、これでだいたいおわかりだろうか。今度は、すでに女性たちのための製品をつくっている会社に注目してみよう。

4章

女性の心をつかむ商品をどう生み出すか

アップルのすばらしさはいろいろなところで書かれているが、この会社の成功の一因となったある側面はめったに指摘されない。アップルは隠れた女性ブランドなのだ。

ｉＰｏｄを例にとってみよう。この製品は、男性主導のオーディオ装置の世界を完全に女性のものにした。小さくてきれいで曲線的で、使い勝手がよく（マニュアルも必要ない）、直感的でカラフルで、従来のオーディオ装置にはなかったものをすべてもっている。ウーハーだのツィーターだのアンプだのとこむずかしい知識をひけらかすオーディオおたくのイメージは、さっそうとしたトレーニングウェアを身につけ、ぴかぴかのシャッフルにお気に入りの曲を入れてランニングする女性に取って代わられた。

女性消費者が優位に立つことで、少しずつ、いろいろな業界が変わりつつある。家電業界はその最たるもので、ピンク色の電話やノートＰＣがあふれているが、家庭用品のような保守的な業界でも、そうしたニーズの変化に合わせて革新が進んでいる。たとえば防錆《ぼうせい》潤滑剤の「ノー・メス・ペン」は、潤滑油を工具箱ではなく、バッグやポケットに入れて持ち歩けるように開発されたものだ。

女性のオンライン、オフラインでの買い物習慣についてはさまざまに語られてきた。けれども女性の経済に対する影響は、すでに製品そのものにまでおよんでいる。女性にアピールする製品をデザインする余地はまだ無限にあるのだ。

ピンクは戦略ではない

女性向けの製品をつくるときに、犯しがちなミスが二つある。ひとつは、既存の製品のピンク色のバージョンをつくること。もうひとつは、既存の製品を女性のニーズにちゃんと適応させずに売ろうとすることだ。

工業デザインや生産工学の分野では、女性の存在が過小評価されているため、製品開発に女性の視点が欠けていることが多い。製品の大きさ、速さ、強さを自慢げに吹聴する〝マッチョ〟な製品は、女性には受けが悪い。「ユニセックス」の製品カテゴリーでは、女性はその品がどんなふうに自分の暮らしをよくしてくれるか、自分にとって大事な人たちにどんな影響をもたらすかを知りたがる。こうした考え方をあますところなく表現する、古いシェーカー教徒の言葉がある。「必要で役立つものでなければ、つくってはいけない。しかし必要で役立つものなら、美しくつくることをためらってはいけない」

それがピンク色である必要はあるか？　ノー。女性はときにはピンクの商品をほしがるか？　イエス。私もそうだし、ピンクが好きな女性はおおぜいいる。それでも妖精の王女や胃腸薬のペプトビズモルまでが女性一般を表す普遍的な色をしているのを見ると、ちょっとうんざりしてしまう（小さな女の子用のプレゼントを買おうとしたら、ピンク色でないものを探すほうがむずかしい）。ピンクのiPodや携帯電話など、ユニセックスの製品のピンク色のバージョンが成功しているのはたしかだが、それは色だけでなくデザインや性能が気に入られているからだ。

製品がただ一色、つまりピンク色だけで出されている場合、「私たちはこの製品の色についてはまったく何も考えていません」といっているに等しい。ただし例外はあって、製品が乳がん撲滅のピンクリボン運動と提携しているなら、これはもちろんすばらしい理由になる。しかしそうでないかぎり、ピンクは数あるなかの一色として提供したほうがいい。ピンクはスタイルであって本質ではなく、デザイン戦略としては通用しないからだ。

「スウィッファー」の教訓：新製品は日常の観察から生まれる。

・神話：女性はほしいものがあれば、それを言葉で伝える。

・現実：女性自身も気づいていない欲求が、行動に隠されている。

女性に何が足りず、何を求めているかを判断するには、効果的な調査が必要になる。そしてその方法としては、ふつうに暮らす人たちを観察するのがいちばんだ。

P&Gはこの調査法の達人である。二〇〇五年、CEOのA・G・ラフリーが『ウォールストリート・ジャーナル』の特集記事に取り上げられ、今後わが社の戦略の柱になるのは女性だと宣言した。この記事を読んでこう考えた人は多かった――〈そりゃそうよ、P&Gが女性へのマーケティングを知らなかったら、ほかのだれが知ってるっていうの?〉。なにしろ世界最大の消費財メーカーにして、世界最大の広告主であり、その顧客は圧倒的に女性なのだ。しかしラフリーはこう説明した。女性は一七〇年以上にわたってわが社のターゲットであったが、社の企業文化はまだ内向きで、女性のニーズを十分には理解できていない、と。

P&Gの従来の手法は、R&D研究所で製品をつくり、市場に出して、その技術や性能のすばらしさを売りこむというものだった。ラフリーはその逆のプロセスを確立した。すなわち女性たちの家庭での実生活を観察して、彼女たちが何を求めているかを見つけ出し、R&D研究所に持ち帰って製品をつくったのだ。彼はまた、新製品の半分を社外組織との共同開発とするという目標を定めた。二〇〇二年から二〇〇七年までに、P&Gは消費者調査に一〇億ドルを投資し、年間四〇〇万人以上の顧客から話を聞いた。その時期、株価は三分の二近くもはねあがり、さらに新しい目標が定められることになった。

徹底した消費者調査から生まれたヒット商品

「Living It(暮らしてみる)」という社内のプログラムは、P&Gの社員が消費者の家でともに暮らし、家の人たちと一緒に買い物や用事をするというものだ。また「Working It(働いてみる)」というプログラムでは、社員が実際に小売店の店員として働く。P&Gの消費者調査はここまで徹底しているのだ。

スウィッファーはP&Gの大ヒット商品で、女性の潜在的なニーズをとらえて形にする同社の能力を示す最高の実例といえる。ご存じない方のために説明しておくと、これは掃き掃除と拭き掃除、モップ掛けができるシリーズ商品で、いまや五〇〇〇万世帯以上で使われている。ポップミュージックに彩られたマーケティングキャンペーンの効果もあって、名実ともにP&Gのドル箱ブランドになりつつある。

スウィッファーの責任者である重役のひとりにインタビューしてみた。P&Gの人間と話をするとき、まず最初に気づくのは、消費者を指すのに「彼女」という代名詞が一貫して使われることだ。P&Gはレーザービームのごとく女性にターゲットをしぼっている。

スウィッファーのアイデアは、キッチンの床にモップ掛けしている女性たちをくわしく観察したことから生まれた。同社のブランド、ミスター・クリーンのチームは、女性たちがモップ掛けのために床をざっと掃いたり、汚れたモップを何度も洗ってしぼったりするのにたいへんな時間を費やしていることに気づいた。また女性たちが、べちゃべちゃのモップに触るのが大嫌いなこともわかった。モップをかければ、汚れた水をしぼり出したりバケツを空けたりするときに、水が自分にはねかかるのはまず避けられない。そうした調査を通じて、興味深い傾向がつきとめられた。P&Gが「ひゃー《イック》」要因と呼ぶものの上昇——つまりめんどうな家事をめぐるネガティブな感情がつのっているということだ。

「掃除は単調でつまらない仕事だと思われていました。とくに表面清浄の分野はそうですね」とケント・リンドはいう。彼は、スウィッファーを始めとするP&Gの表面清浄部門を世界的に展開している重役だ。とりわけモップ掛けはいやがられていて、その悪感情は増すばかりだった。「いったいどんな理由があるのか、つきとめる必要がありました」

答えはかんたんだった。女性たちの労働力参加のレベルと、モップをバケツでしぼる手順の「ひゃー《イック》」要因の上昇とは一致していた。リンドはいう。「女性たちはこう思っていたんです。〝私のライフスタイルは変わろうとしてるのに、こんなバケツや水や汚れやばい菌なんかを相手にしてるひまなんてないわ〟」

アメリカじゅうで見られるこの問題——モップ掛けなんてもううんざり——をP&Gが解決できれば、みんな大喜びするだろう。そこに着目したことに、同社のすばらしさがあった。

なぜ日常の観察が重要なのか

不愉快すぎて、あらためて考える気にもなれないというものに注意を向けることで、P&Gはひとつのベストセラー商品を生み出した。オリジナルのスウィッファー（いまはたくさんのバリエーションがある）は静電気シートを使うタイプで、使用後はすぐにゴミ箱に捨てられる。要するに「バケツ不要のモップ掛け」だ。水はいらないし、モップをしぼる必要も、はねを上げる必要もない。いやな臭いもせず、清潔でかんたん。まず柄を買い、その先に取り替え式のシートやパッドを取り付けるという、企業にとって実入りのいい方式でもある。

スウィッファーの成功が物語るもの、それは会社の研究所や施設のなかだけでなく、一般人が実生活の場でどのように製品を使っているかを観察することがいかに重要か、ということだ。経営者たちの多くは、従来のフィードバックの方式に信頼をおきすぎている。たとえばフォーカスグループでは、司会者が聞きたがっていそうなことをいわなくてはならない、あるいはグループ全体の意見に合わせなくてはならない、という圧力が参加者にかかってくる。

リンドのチームは、完全な新製品をつくる場合、観察調査がとくに有効だと考えた。「シミュレーションはあまり役に立ちません。知るべきなのは実際に起きていることですし、〝彼女〟がいつもそれを口で伝えられるとはかぎらない。聞き取り調査ではわからないのです」。そもそものきっかけは、ミスター・クリーンのチームが、このブランドの守備範囲である「ウェット清浄」のプロセスを調査しはじめたことだった。そして女性たちを観察するうちに、「ドライ清浄」のプロセス（床にモップ掛けをする前の準備）について学び、そこからスウィッファーにつながるアイデアが浮かんだのだ。

消費者主導の開発の成果

「もともとわが社はこのカテゴリーでは、ウェット清浄の知識しかありませんでした」とリンドは説明する。「P＆Gは電気掃除機メーカーではないし、ほうきもつくってはいませんでした。

でも女性たちがモップ掛けの準備をしているのを見たとき、スウィッファーの着想を得たのです。調査を始めた段階では、あのような方向に行くつもりはありませんでした。(消費者主導でなく)技術主導、製品主導で研究開発にのぞんでいれば、現在の状況はありえなかったでしょう」

P&Gが消費者調査のなかで決してやらないことはあるだろうか、と私はたずねてみた。リンドの答えはこうだった。「〝あなたがほしいのはどんな製品ですか?〟と聞くことです。常々思い知らされるのですが、消費者にはよりよい暮らしがどんなものかはイメージできません。わかっているのは現在の生活だけです」。そう聞くと、あのヘンリー・フォードの有名な言葉が思い出される。「うちのお客たちに何がほしいのかと聞いたとしても、ただ足の速い馬だとしか答えないだろう」

P&Gでも従来の調査方式のほとんどが活用されているが、新製品のアイデアの多くは、各家庭を訪れているあいだに生まれたものだ。「私たちがつねに開発しようとしているのは、これまでになかった製品です」とリンドはいう。「そのためにさまざまな調査方式を活用しています。わが社の場合、何を新しく取り入れるかにおとらず、どのように取り入れるかが重要なのです」。家庭内での調査に一〇〇パーセント頼りきることはできない。ハイゼンベルクの不確定性原理、つまり観察者効果によれば、実験のあいだにだれかに観察されることが実験そのものに影響をおよぼしかねないからだ。

観察調査から生み出された新製品のすばらしい実例がある。ある日リンドたちのチームは、消費者の自宅でスウィッファーの製品テストをおこなっていた。するとその家の女性がこんなことをいいだした——スウィッファーはこれまで使ったどんな製品よりも軽いので、天井の隅のクモの巣にまで届くのよ、と。そしてスウィッファーを天井まで持ち上げ、実際にどう使うのかやってみせた。そこからアイデアが浮かび、新しく生まれたのが、なかなか掃除できない天井の隅にまで届く、延長式のスウィッファー・ダスターXLだった。

「うれしい」と感じさせる細部の工夫

ほんとうにすばらしい製品は、ただ問題を解決するだけではなく、使った人にうれしさを感じさせる。それこそが売り上げ一〇億ドルのブランドと凡百の製品を区別するものだ。「このうれしさの要素には、非常に力を入れています。商品を買うときの決定は、合理的な判断を超えたものですから」とリンドは説明する。

うれしさの要素とは要するに、細かなところに気をきかせてあるということだ。女性は暮らしのあらゆる面とおなじように、製品デザインの細かい工夫に目をとめる。「スウィッファーの箱を開けたときに、こういってもらわなくてはなりません。〝ああ、なるほどね。話で聞くよりずっといいじゃないの〟と。それが私たちの目標です。機能も完璧にしようと努めていますが、さらにそれ以上のうれしさの要素をつけ加えることで、初めて実現できる目標なのです」

女性たちが高く評価するスウィッファーの細部の工夫は、以下のようなものだ。

●モップの構造と特性によって、壁に立てかけたとき倒れにくいようになっている。
●ウェットパッドにマジックテープがついているため、モップをさかさまにしなくても、パッドを床に広げてヘッド部分を押しつけるだけで装着できる。
●ヘッド部分が三六〇度回転するので、家具の脚のまわりや部屋の隅も掃除しやすい。

現在P&Gの社員は、みずから調査員となって、ふつうの女性たちのそばで長い時間を過ごしながら、彼女たちが洗濯し、掃除し、子どもたちに食事をさせ、お化粧をするところを観察している。彼らが探しているのは、ささいだけれど面倒な、もしかすると新製品によって解決できるかもしれない問題だ。この問題こそ、P&Gにとって巨万の富を生む可能性を秘めている。

染み抜き剤の「タイドトゥゴー」もおなじように、漠然としていたニーズにうながされるかたちで進められたプロダクト・イノベーションの一例だ。服の染みはいつ、どこででもつく。ハンドバッグにほうりこめるこの手軽な染み抜きスティックは、いつも子どものジュースのパックや食べ残しなどを受け取って片づけるお母さんたちにとくに好評だ。

スウィッファーの話からはいくつかの教訓が学べる。女性向けの製品をつくるときの参考になるだろう。

①人口動態の変化は、新たなチャンスを開く。

P&Gが見抜いたように、家を出て働く女性が増えたため、家事への不満の度合いが高まった。そしてそのことが、スウィッファーのような解決策を生むきっかけとなった。こうした大きな社会的傾向を活用することで、あなたもビジネスチャンスをつくりだせるのではないか？

②だれもが認める共通の問題があれば、その問題の解決策は世界中で受け入れられる。

モップ掛けはいやなものだ。みんながいやがるものはたくさんある。たとえば人前で服に食べ物などをこぼす（P&Gのタイドトゥゴーで解決）、下着が食いこむ（ヘインズのノー・ライドアップ・パンティーで解決）などだ。当たり前のこと、平凡なこと、わずらわしいことのなかに隠れたアイデアを見つけよう。

③女性に好まれるだけの製品と、愛される製品の差をつけるのは、考え抜かれた細部。

よいだけのものと、すばらしいものとを分かつもの、それは細部だ。壁に立てかけたときに倒れないモップがあるとしたら？　すばらしい。

④何を新しく取り入れるかにおとらず、どのように取り入れるかが重要。

ふつうに暮らす人を観察するほうが、シミュレートされた環境をつくったり調査レポートを読んだりするより、すばやくアイデアを取り入れられる。現代女性たちの生活にはさまざまな方向から圧力がかかっている。彼女たちの忙しい日常をくまなく追いかけることが、まだ形にならないニーズを判断するうえで最適な方法なのだ。

⑤シンプルさが大事。

あなたの会社の製品を理解するのに分厚いマニュアルが必要だとしたら？　パッケージを開けるだけのために強力なはさみが必要だとしたら？　女性たちがその製品を受け入れるうえでの大きな障害となってしまう。アメリカの家庭の四分の一以上は独身女性が世帯主で、製品を組み立てるのに大人ふたりの手が使える家は少なくなっている。どんな製品でも、開封と操作はかんたんにできるようにしなくてはいけない。

女性向けをうたうか、うたわないか

みんなが感じているのに、めったに話題にならないことがひとつある。あきらかに男性向けの製品を女性が買うのは社会的に受け入れられても、その逆はふつう受け入れられないということだ。昔からエンタテイメントの業界では、女性用の品を男性が身につけるというギャグで笑いをとる手法がしばしば使われてきた。女性がむだ毛の処理に男性用の剃刀《かみそり》を使ってもだれも驚かないが、男性がスポーツジムのロッカールームで妻のパステルカラーの剃刀「ヴィーナス」を使うことはありえない。そんなことをしたら、友人たちから容赦なくからかわれるのがオチだ。「会社にピンクのシャツを着ていくのさえ気がひけるんだよ」。ある男性の友人はそうこぼす。フォーチュン五〇〇企業に名を連ねる会社の幹部で、しかもマーケティング担当だというのに。

男性が女性向けの商品を遠ざけるのが当然だとすれば、それは経営陣が女性向け市場の製品をつくったり戦略を練ったりするのを尻込みする原因ともなりうる。そして、あきらかに女性向けのもの（たとえば剃刀のヴィーナス）をつくるべきか、ひそかに女性向けのもの（ｉＰｏｄ）をつくるべきか、その決定を下すのさえむずかしくなってしまう。女性は何につけスタイルや色、ファッションを重視するからなおさらだ。女性向けを前面に出すか出さないか、どちらがよいのだろうか？

正しい答えは存在しない。ただしユニセックスのカテゴリーで、あきらかに女性向けの製品をつくるのはリスクが大きい。男性が自動的に市場から弾《はじ》き出されることになるし、女性の何パーセントかはバカにされたように感じるからだ。だが、ジレットのヴィーナスのように、純粋に女性のニーズのためにデザインした製品をつくりだし、女性の強い共感を得ることができれば、男性がどう受けとめようと関係はなくなる。女性たちのおかげでたっぷり収益はあがるだろう。

「ヴィーナス」の教訓：男性と女性では、おなじ製品でも使い方が違う。
・神話：剃刀は剃刀だ。
・現実：男女の違いに取り組めば新たな収益につながる。

従来は男性にターゲットをしぼっていた業界から、女性向けのヒット商品が生まれることがある。ジレットのヴィーナスは、その最たる例だ。いまではひとつのカートリッジに五枚の刃を装着できるこのマルチブレードの逸品は、二〇〇一年に発売されて以来、女性用剃刀市場のじつに五五パーセントを占めるにいたっている。世界最大の女性用剃刀のブランドだ。

ヴィーナスには際立った長所がある。女性のむだ毛ゾーンと男性のそれとは、はっきり違っている。腕や脚、わきの下に脚の付け根まで、男性には必要のないあらゆる場所を、女性は手入れしなくてはならない。ヴィーナスはそうした女性特有のゾーンの角度と曲線に合わせて、特別に設計されているのだ。

剃刀の使い方も女性には違いがある。乏しい明かりのなか、すべりやすい場所に片足で立ちながら、当人は見えない体の場所、たとえばわきの下や脚のうしろ側にぎごちない体勢で剃刀を当てなくてはならない。だが細長いソフトグリップのハンドルと回転式のヘッド部分をもつ、人間工学にもとづいた設計のヴィーナスなら、あらゆる場所が楽に剃《そ》れる。

現在は八色で展開されているが、ヴィーナスといえばピンクといわれることが多い。広告キャンペーンが美容製品として位置づけようとしたのが理由だ。けれどもヴィーナスが成功をおさめたのは、色とは関係ない。女性の体形に特別に合わせてデザインされた製品を提供したからだった。

ヴィーナスの成功は、つぎの三つの大事な教訓を教えてくれる。

①解剖学的な違いが新しい製品につながることもある。

ジレットの製品を買うのは、いまや半分が女性だ。ヴィーナスは女性限定の製品に対するニーズを掘り起こすことで、彼女たちの気持ちをつかんだ。あなたの会社の製品でも、男女の解剖学的な違いが使い方に影響するかどうか、そうした違いをうまく活用できるチャンスがあるかどうか、考えてみる価値はある。アウトドアの衣料や用品（たとえばバックパックや寝袋）から、家電や機能性食品にいたるまで、この違いを検討する意味は非常に大きいが、まだ十分に認識されてはいない。

②ピンクを使うことが有効な製品もある。

ヴィーナスのシリーズでは、ピンクやバイオレットなどのあざやかな色はキュートなだけでなく、男性や男の子がまちがって使うのを防ぐという目的にもかなっている。とはいえ、どんな製品でも、ピンク以外の色も出したほうが、ありきたりという印象をまぬがれやすい。ちなみにヴィーナスは八色そろえている。

③機能を向上させ、気分も上向きにできれば、大きな強みになる。

ヴィーナスはたしかに触れ込みどおりの機能を発揮し、美容製品として位置づけられるようになった。セールスキャンペーンでは、ヴィーナスは女性のなかの「女神」を解き放つことであなたをさらに美しくする、とうたっている。機能面でも情緒に訴える面でも強みをもつ製品をつくりだせれば、大ヒットも夢ではない。そう、ヴィーナスのように。

女性はデザインの試金石

もともと男性のものだったカテゴリーでも、女性はその製品のデザインに関して、驚くほど強力なリトマス試験紙となる。

「新しいテクノロジーを見きわめるにあたって、女性は炭鉱のなかのカナリアのようなものです」とジュヌヴィエーヴ・ベル博士はいう。博士は文化人類学者にして人間行動の専門家で、世界最大の半導体チップ・メーカーであるインテルに勤務、女性とテクノロジーの研究を一〇年以上にわたって続けている女性だ。

スウィッファーのときにも触れたが、女性は製品を箱から出したらすぐに使いたがる。女性が望むのは、直感的で、親切なつくりだ。ベル博士はこのようにまとめている。「女性には技術的な設定をしたりトラブルの解決をはかったりする時間はありません。つまり女性はデザインを重視するため、デザインのよさを測るうえで最高の基準になるということです。ある程度まで女性が望むものをデザインできれば、その製品は万人に受け入れられるでしょう」

新しいテクノロジーが生まれると、男性はそれをいち早く取り入れるのに対し、女性は腰が重いと見られがちだが、そうでないことは歴史が示している。

「女性はつねに、家庭におけるテクノロジーの門番なのです」とベルはいう。「私たちは電気がどのように働くかを把握し、初期の冷蔵庫の使用法を理解し、最初の電話、ミシン、テレビなどを使いこなしてきました。女性は新しいテクノロジーが家庭に入ってくるときの受け入れ口だったのです」

ベル博士によれば、女性がすっきりとして扱いやすいデザインを求める理由のひとつは、女性と男性では時間の使い方に対する意識に違いがあるためだ。男性的な欧米の文化では、男性は何かをするのにどれだけ時間がかかったかを自慢してもかまわない。「この週末、うちにあるCDコレクションをコンピュータに取りこんだんだが、一六時間もかかったよ」といったぐあいだ。男性の文化では、複雑な作業に何時間も取り組むのは楽しいことだし、あっぱれなことと受け入れられもする。そして実際、男性はこの種の作業にしばしばやりがいを見出す。

しかし女性は正反対だ。彼女たちはこういうだろう。「ああ、この服はね、とりあえずそこにあったのを着てきただけ」「ううん、髪の手入れやお化粧にはあまり時間をかけないの」。二つのシフト――昼間の仕事と家庭の仕事――で働く女性が非常に増えた結果、みんなが複数の仕事を同時進行させ、手早く片づけることにプライドをかけるようになっている。彼女たちは、自由な時間を使ってややこしい技術的な問題と取り組むのが楽しいとか、おもしろいなどとは考えない。「女性にはたくさんのプレッシャーがあるので、やたら時間のかかるものを評価している余裕はないのです」とベルはいう。

女性はさっさと行動に移したがる。新しい携帯電話を買えば、すぐに友だちにかけてつながるのをたしかめようとする。いっぽう男性は、じっくり何時間もかけて機能を設定したり、アプリケーションをダウンロードしたりして楽しむ。

つまり、女性の好むデザインとは、単純によいデザインである、といっていいのだろうか？

答えはほぼイエスだ。けれども、ときには、それ以上のもので女性という市場を開発するチャンスもある。

フィリップスの教訓：みずからの弱点を知れば道は開ける。

・神話：男性用品のブランドは女性をひきつけられない。

・現実：女性をひきつける方法を知っているブランドと組めば、それは可能だ。

アップルの例をのぞけば、家電業界は女性にアピールしようとしながらも、なかなか結果を出せずにいる。スタイルと技術をうまく合体させるのは楽ではない。じつに多くの女性たちが、ピカピカのきらびやかなスタイル――クリスタルや宝石のように見える石で飾りたてた家電――にひきつけられているという事実が、さらに事情を複雑にしている。このトレンドをひっぱっているのはアジアの若い女性たちだ。すでに巨大な市場が形成され、中国や日本では、携帯電話にラスヴェガスのショーガールを思わせるドラマティックでカラフルな装飾が施されている。こうした現象が、「女性化された」家電アクセサリーの成長産業を生み出したのだ。

オランダの大手家電メーカー、ロイヤル・フィリップスは、こうしたトレンドの進展に市場拡大のチャンスを見てとった。しかし障害がひとつあった。技術上の問題ではない。フィリップスはCD、オーディオカセット、回転式電気シェーバー、初めての家庭用VCRシステムなど、技術開発では高い評価を得ている。問題は歴史的なもの、つまりこの会社が、三つ揃えのスーツなみに男性的なエンジニアリングの基盤上に成り立っているということだった。

どんな会社でも、女性の嗜好という流れを渡っていくのには困難がともなう。ふだんデザインしている商品が、電球から半導体シリコン、MRI装置にいたるものであればなおさらだ。しかしフィリップスの人たちは賢明だった。自分たちが何を知らないかを知っていた——「女性が何を求めているか」だ。ならば、それを知っている相手と提携すればいい。

「わが社は女性的なブランドではありません」。フィリップスの女性向けアクセサリー・プロジェクトを統括するオランダの責任者、ニルス・リーゼベルクはいう。「技術的に進んでいるこの分野に見合った、なおかつ女性にも強くアピールする製品をつくるには何が必要か、まずそこから理解しなくてはならなかった。やがてはっきりしてきたのは、自分たちだけではむりだということでした。そうした面を強力にサポートしてくれるパートナーが必要だったのです」

そこで同社は、クリスタルガラスの装身具を扱う高級ブランド、スワロフスキーに働きかけ、新しい女性向け家電アクセサリーのシリーズを立ち上げた。スワロフスキーはファッション業界では世界的な定評のある、セレブ女性のお気に入りブランドだ。

これはスワロフスキーにとっても、成長著しい家電アクセサリーの市場に進出するチャンスといえた。テクノロジーはこの会社の伝統にはないものだった。双方に大きな利益があるということで、フィリップスとスワロフスキーは力を合わせ、家電製品を「女性化」することになった。しかし、どの製品から？　最初は当人たちにもわからなかった。

女性に受けるUSBメモリとイヤホンとは？

二つの企業チームは初めてパリで顔を合わせ、ブレインストーミングをおこなった。「初デートのようでした」。このプロジェクトを担当したフィリップス香港支社のデザインディレクター、レイモンド・ウォンはいう。「ずっと自分たちにこう問いつづけていました、〝女性たちは何を求めているのか？〟と」

フィリップス／スワロフスキーの合同チームが「女性化」に取り組むことにしたのは、あまりに日常的なため、スタイルの真空地帯のように考えられてきたもの――MP3プレイヤーのイヤホンと、USBメモリだった。スタイル面でいえば、どちらもまったく手つかずだったし、機能面をいえば、たしかに装身具がわりになるものだったからだ。

プロジェクトのデザインチームは、女性がわずかに多く、六対四の比率だった。このチームは世界中の三〇近いフォーカスグループを指揮し、デザイン案に対する女性からのフィードバックを得た。いちばんの問題は、やぼったくないエレガントなデザインをどのように実現するかだった。「USBメモリのように毎日使う製品に、ただクリスタルをくっつけただけでは、なんだかバカにしているような感じになってしまいます。女性たちが期待する品質や独創性、創造性を表現することはできないでしょう」とウォンはいう。最終的に、このプロジェクトに使用するクリスタルはすべて、新製品のために特別にカットされたものにすることになった。

きれいで、しかも実用的

デザインチームが求めていたのは、意味をもったスタイル——つまりストーリーのあるスタイルだった。その努力から生まれた最初の成果が、女性向けにデザインされた二種類のUSBメモリだ。愛情のシンボルであるハートをかたどったクリスタルと、安全をあらわす錠前をかたどったクリスタル。MP3のイヤホンのほうは、ティアドロップのダイヤモンドイヤリングを思わせる形にした。「フォーカスグループの反応から、女性たちはこうしたイヤホンを実用的、日常的なものと見ていることがわかりました」とウォンはいう。「遠くから見たときにきらっと光り、近くで見たときには細部と豪華さに目をひきつけられる、そんな品を求めていたんです」

スタイルや性能はもちろんのこと、デザインチームはさらに、女性がこうした品を使ったりしまったりするときの状況、とくにバッグの役割を調査した。女性がほとんどなんでもバッグにしまい、いつも何かしら底のほうにまぎれこんだり壊れたりしてしまうというのは厳然たる事実だ。

「そうした理由もあって、バッグの外にぶらさげておけるように、ＵＳＢ錠前《ロック》をデザインしたのです。バッグの美しいアクセントになりますし、実用的でもある。もし男性用のＵＳＢスティックをデザインするのなら、平たくコンパクトにして、ポケットに入れておけるようにしたでしょう」

デザインと機能を融合すれば、巨大な市場が生まれる

この「アクティブ・クリスタル」のシリーズは、北京でのファッションショー、パリの有名なブティック〈コレット〉でのスニークプレビューなど、華々しいイベントとともに発売された。フィリップスもスワロフスキーも最初から、この製品を高級品として位置づけていた。現在は主にスワロフスキーのブティックか、オンラインで購入できる。いわゆる家電量販店ではまず見つけられない。フィリップスによれば、これは意図的な戦略だった。女性たちがファッションアイテムを買うのにふさわしい気分にならないような環境に、アクティブ・クリスタルが埋もれてしまうのを恐れてのことだ。もしプリンターのトナーを買いに家電量販店に立ち寄ったとき、隣の棚にアクティブ・クリスタルを見つけたりしたら、とても高級品だとは見てもらえないだろう。まさに不適当な場所、不適当なタイミングの例になってしまう。

販売の面からいえば、フィリップスは個々の事業単位の実績を公開していないが、その数字に

「ひとかたならず喜んでいる」という。だがこれは、女性向け製品の最初の試みにすぎない。先駆けとなった二商品が発売されて以降、フィリップスとスワロフスキーは、ブルートゥースのヘッドセット・ペンダントなど、より女性らしい形とデザインの製品をシリーズに加えている。

「このすばらしいパートナー関係の始まりをきっかけとして、さらに事業を大きく展開していくつもりです」とリーゼベルクはいう。「家電にはまだ、もっと女性にアピールできるはずなのに、デザインとテクノロジーの融合した商品が見当たらないというカテゴリーが残っているでしょう。アクティブ・クリスタルのような商品があればぜひ買いたいけど、どこに行っても見つけられない、という女性たちがいっぱいいる。これは巨大な市場ですよ」

この本を書いている現在、フィリップスとスワロフスキーは、アクティブ・クリスタルを世界的にシリーズ展開している。「女性というビジネスチャンスをできるかぎり大きく育てるには、長期的なビジョン、長期的な観察が必要です」とリーゼベルクはいう。今後も要注目だ。

アクティブ・クリスタルの話からは、いくつかの教訓を引き出すことができる。

①あなたの会社のブランドが女性に受け入れられていないのなら、少なくとも最初のうちは、すでに受け入れられている会社との提携を考えよう。

②製品開発のチームに女性を起用しよう。

当然ながら女性の洞察には計り知れない価値があるし、同時に、女性がものをしまうのにバッグをどう使うかといった、大切な細部を見落とさないようにするうえでも役立つ。

③あなたの会社の既存の流通経路が、女性向け新製品に合っているかどうか見きわめよう。

フィリップスがスワロフスキーのブティックに進出したように、あなたの会社にも新しい販路を見つけるチャンスがあるかもしれない。

フィリップスもヴィーナスも、女性の市場に対して目に見えるかたちで働きかけた。だがそれよりずっと多いのは、目に見えないかたちの働きかけだ。その場合、企業はきわめて繊細な方法で女性にアピールする商品をつくりだすため、男性も女性も、商品のターゲットが女性であることに気がつかない。

ライランド・ホームズの教訓：女性がほしがらなければ、男性は手が出せない。
・神話：夫婦のいる家庭での大きな決定は、すべて男性が主導する。
・現実：女性が拒否権をもっている。

男性優位という点では、住宅建築ほどの業界はなかなか見当たらないだろう。けれども時代は少しずつ変わり、この業界もようやく現実に気づきつつある。まず、住宅の実際の買い手は女性だということ。そして不恰好なクロゼットから、技術データと間取り図ばかりのチラシにいたるまで、男性の視点から住宅をつくって売っているだけでは、目の前のお金をみすみす取り逃がしてしまうということだ。

ライランド・グループは二〇兆ドルの売り上げを誇る業界トップクラスの住宅建設会社だが、アメリカの家庭を切り盛りしているのはだれかという理解にもとづいて、住宅の設計法を変えてきた。この未曾有の住宅不況のなか、同社はあらゆる手段を通じて、世界最大の消費者層についての知識を活用している。

「女性は新しい住宅購入の九一パーセントに影響をおよぼしています」とエリック・エルダーはいう。彼はライランドの重役で、同社の女性向け施策のほとんどを指揮している。ここ数年間で、住宅購入の市場に独身女性が占める割合は急速に増えつつある。

私はライランドとの契約で、女性が新しい住宅に何を望んでいるかを調査するプロジェクトを二年にわたっておこなった。その結果、同社は女性にやさしい方針を立て、静かに、だが幅広い努力を推し進めることになった。女性をライランドの住宅にひきつけるとともに、男性を遠ざけないようにするためだ。

間取り図をどう変えたか

3章でも触れたように、女性が労働力に加わるようになると、個人的な行動パターンが変わり、家族全員の行動パターンも一緒に変化する。ライランドが住宅の間取り図を見直す最大のきっかけとなったのは、働く母親たちの存在だった。多くのモデルの共用エリアを、母親が子どもに目をやりながらコンロからも目を離さずにすむように設計しなおしたのだ。キッチンの流しの上に窓をつけて、裏庭が直接見られるようにする。あるいはキッチンとリビングをオープンなレイアウトにし、隅に机を置くスペースをつくることによって、親の目が届くところで子どもたちが宿題をしたりテレビを見られるようにする。こうした設計の根底にあるのは、共働きの家庭内で起こる時間短縮の現象だった。親が子どもの宿題を一、二時間見てやったあとで夕食の準備にかかるのではなく、いまでは両方が同時におこなわれるようになっている。

時間が短縮され、仕事と家庭の境界がぼやけてきた結果、家は以前のような聖域といえなくなった。携帯電話やブラックベリー、ノートPC、インターネットのおかげで、仕事はいまや「家具の一部」となっている。こうして失われたものの埋め合わせをするために、ライランドは主寝室をストレス解消のための憩いの場に設計しなおした。この新しいスイートは、大人の、とくに女性にとっての避難所としてつくられている。「プライバシーがあってくつろげ、リフレッシュできる空間は、とくに自分だけの時間がほとんどないシングルマザーには重要です」とエルダーはいう。ライランドの提案する主寝室のスイートの多くには、コーヒーカウンターに小型冷蔵庫、ラウンジスペースまで備え付けてある。

環境全体を提供する

ライランドによる間取り図の変更は、ただの始まりにすぎない。同社は分譲地全体のデザイン変更にも乗り出した。

女性は家を購入するとき、ただ四方に壁がある住宅だけを買っているとは考えない。それはコミュニティを、分譲地を、学区を、ライフスタイルを買うことでもあるのだ。女性は新しい家が自分の生活をよくし、ひいては家族全員の生活をよくしてくれると考える。でなければ、いまの場所にとどまるほうがましだろう。

そうした希望を受けて、ライランドは分譲地のデザインに、より女性にやさしい要素を取り入れ、大通りに面さない立地、街灯、ミニ公園、電動開閉式のガレージドアを標準設備とした。さらに玄関周辺の照明を改良し、タウンハウス区域の入口にはゲートを取り付けている。

オプション選びも大事なプロセス

女性にやさしい家選びの一環として、ライランドはデザインセンターも徹底的に見直した。こうしたセンターでは、顧客が住宅購入の契約を結んだあとでオプションを選んだり、アップグレードをおこなったりする。かつてはモデルハウスのがらんとしたガレージにつくられていたものだ。

「以前は、住宅のオプションとアップグレードは、いわば〝後方業務〟でした」とエルダーはいう。「ばらばらの供給元から渡されたディスプレイケースや、いくつかのサンプルをあちこちに置いて、貧弱な照明を当てる……全体の効果など二の次です」。しかしいまはまったく違う。「私たちは個性化のプロセスを取り入れました。これは当社における最大の変革のひとつで、すべて女性によって推進されたものです」

ライランドの女性重役ダイアン・モリソンは、同社の新しいデザインセンターを後押しする勢力だった。彼女は多くの女性にとって、デザインセンターでの手続きが、家選びのなかで最もわくわくする場面であることを知っていた。そこで初めて、住宅をほんとうの意味で自分たちの家にできるものを選べるのだから。

ライランドはまた、住宅の外壁に使える色のオプションを増やし、女性が自分の新居をユニークで個性的だと感じられるようにした。一〇〇世帯のコミュニティで外壁の色を三種類から選ぶのではなく、通常は九から一五のオプションが用意されている。

男性は女性が求めるものを求める

ライランドの例は、もともと男性的な業界が女性の要望に応えるかたちで、男女どちらのためにもなる、巧みなデザイン変更をおこなえるということを示している。

「当社の歴史を通じて、住宅の設計を担当してきた建築家は、すべて男性です」とエルダーはいう。「クロゼットといえば、以前は基本的にドアと空洞があるだけの空間でした。いまでは住宅のデザイン要素のひとつとして、機能的につくられています。また販売ロビーも、以前はかなり殺風景でしたが、いまは腰をおろす場所と、ホームデザインの雑誌といった楽しい読み物、子ども用のおもちゃをそろえています。ディスプレイも大幅に変えて、お客さまの気持ちを盛り立てるようにし、またいろいろな人物写真もたっぷりあしらいました」

このひそかなアプローチがうまくいけば、男性は女性向けのデザイン要素が付け加えられていることにも気づかない。主寝室で熱いコーヒーが飲めるというのは、男性も気に入るアイデアだからだ。「消費者の視点から見ると、男性はほかにどうしようもなければガレージでも暮らせるでしょう」とエルダーは笑みを浮かべる。「女性は家を求め、男性は女性が求めるものを求める。すばらしいのは、すべて女性たちに後押しされた改良ではあっても、男性のお客さまにも評価されているということです」

ひそかなかたちで女性にアピールするとき、男性は思いもよらないものを受け取ることになるが、それでも喜んでくれる。つまり女性をハッピーにすれば、みんながハッピーになれる。女性は人々が求めるものの主要な経済指標なのだ。ライランドが教える教訓はつぎのとおり。

①カップル客の場合、女性の影響力を過小評価してはいけない。

どの家を選ぶかから、どこで食べるかまで、大小にかかわらずモ消費に関わることには女性が拒否権をもっている。売買の交渉をする人物（夫であることが多い）がかならずしも意思決定者というわけではない。たくさんのカップルを相手にするときには、男性客と女性客両方の潜在的な願望を見きわめることだ。それらは千差万別かもしれない。

②離婚率の増加と、独身女性の購買力の増大が、あなたの業界にどんな影響をおよぼすかを考えよう。

こうした現象は、プロダクトデザインに新たなチャンスを切り開く可能性がある——ラインドの隠れ家的主寝室がその一例だ。また、あなたの会社の製品提供を支えるサービスにも、おなじことがいえるだろう。

③創意に富んだ繊細なアプローチは女性をひきつけ、男性も楽しませる。

男性があきらかに女性っぽい製品を買うことは、社会的に抵抗がある。だが女性に対して繊細に、ひそかなアプローチでアピールすれば、男女両方をひきつけられる。

女性向けをうたわない成功例

住宅から掃除用品、家電、ワインにいたるまで、ひそかに女性を意識したアプローチは市場を拡大し、収益を増やすことができる。

シャーウィン－ウィリアムズの塗料ブランド、ダッチボーイは、ツイスト&ポアの容器（取っ手とねじ蓋がついていて開けやすく、洗濯用の液体洗剤とおなじ感覚で中身を注ぐことができる）を生み出したことによって、塗料業界に革命をもたらした。従来からある金属製の塗料缶の蓋は、ねじ回しを使って開け閉めしなくてはならず、しかもこぼさずに注ぐのがむずかしい。だれにとってもそんな缶を扱うのは楽しくないし、とくに女性がそう感じていることに同社は気づいた。

「現在、塗料の色の八六パーセントは、女性が選んでいるか、選択に大きな影響を与えています」と、ダッチボーイの幹部アダム・シェイフはいう。「実際にだれが決めているのかがわかれば、そこからインスピレーションが得られるでしょう」

まったく新しい容器をつくることは、ダッチボーイにとっても小さな事業ではなかった。まず小売店にある何万台ものペイントシェーカーを改良する必要があった。新しいデザインのツイスト＆ポアは四角い容器だったからだ。それに工場も、もともと金属の缶を製造する施設だったため、設備を一新しなければならなかった。

シャーウィン‐ウィリアムズはさらに消費者への洞察にもとづいた改良を続け、二〇〇八年にはダッチボーイからリフレッシュという商品を発売している。この塗料はアーム＆ハマーとの提携から生まれたもので、空気中の匂いを吸収する。「匂い対策は、完全に女性の要望によるものです」とシェイフはいう。「率直にいいますと、男性は女性ほどには、家のなかの匂いを気にかけません」

ＤＩＹ産業も、とくに部屋の模様替えなどでは女性に後押しされているかもしれないが、ツイスト&ポアやリフレッシュは、男性にも評価される製品だ。

ワープールは、私が何年か一緒に仕事をしたクライアントで、世界有数の家電メーカーだ。腰をかがめたりしゃがむのが嫌いなアメリカの女性たちのために、「デュエット」という前入れ方式の洗濯機を導入した会社でもある。デュエットは洗濯乾燥機を台の上に載せる仕組みになっていて(台の高さは約二五センチメートルと約四〇センチメートルのどちらかを選べる)、あまり体を曲げずに快適に洗濯物を出し入れできる。また扉は洗練されたバブル型で、男女をとわず、地下室や洗濯室に隠すかわりに胸を張って人目につく場所に置くことができる。

E&J・ギャロ・ワイナリーはアメリカのワイン醸造の大手だが、レッド・ビシクレットというフランスワインで大成功をおさめている。そのラベルに描かれているのは、ベレー帽をかぶって自転車に乗ったフランス人と、口にバゲットをくわえて彼のあとを追いかけている犬のイラストだ。新世代の消費者たちに向けて、ギャロは親しみやすく巧妙なマーケティングでワインを売り出した。ウェブサイトにはさまざまなレシピや「育て、葡萄たちよ!」といった見出しがあふれ、最初はあきらかに女性に照準を合わせていたのが、やがて男性の心もとらえはじめ、二〇〇四年の導入から五年たらずのうちに、アメリカで販売されている上質なフランスワインのなかでナンバーワンの存在となった。

キャロウェイ・ゴルフの教訓：女性は停滞している業界に活力を吹きこむ。
・神話：ゴルフは「男性のゲーム」だ。
・現実：適切な用具と快適な環境さえあれば、女性は自分が参加するだけでなく次の世代も連れてきてくれる。

男性に限られていた製品のターゲットを女性にしぼることで、業界全体を変えられる可能性がある。ある会社がその着想を、男性の力と権威の牙城たるゴルフ業界にもちこもうとした。ゴルフ場でプレイされるラウンド数は、二〇〇五年以降、横ばい状態だ。プレイヤー人口は過去五年間で七パーセント減少した。いまやゴルフ業界では、このスポーツを成長させるには、もっとたくさんの人たちを呼びこむしか道はないと考えられている。どんな人たちか？　もちろん女性だ。

障害は少なくない。ひとつは時間の問題だ。引退前の女性たちには、一八ホール回るために一日休みをとるのはむずかしい。このせわしない世界で、職場や家族（あるいは携帯電話）から離れて過ごすには長すぎる時間だ。それにゴルフはまだまだお金のかかるスポーツだし、多くのコースでは料金や敷居の高さもあって、新しい参加者が遠ざけられている。場所によってはいまだにスノッブな環境が残っているし、クラブでの女性差別も相変わらずだ。たとえばジョージア州のオーガスタ・ナショナル・ゴルフクラブは、このスポーツで世界一尊敬されているクラブで、毎年マスターズが開かれる舞台でもあるが、いまだに女性の入会を認めていない。

理屈の上では、女性たちにゴルフブームが巻き起こってはいけない理由はない。このスポーツに必要なのは繊細な技術で、腕力とは違う。社交的で平和なスポーツであるうえに、ほかのどんなスポーツよりも美しい環境でプレイできる。ファッションもすばらしい。ゲームのあとにはカクテルや楽しい会話が待っている。なのにアメリカの全ゴルフ人口に女性が占める割合は、二五パーセントにも満たない。それがこのスポーツを停滞させている理由のひとつなのだ。

そこでゴルフ用品メーカーのキャロウェイは、女性に適した製品を提供することで、女性たちをグリーンに呼び寄せ、停滞した業界に新風を吹きこめると考えた。ボールは女性もおなじものを使える。でもクラブは？

キャロウェイはそこに目をつけた。

元レブロンCEOが見てとったチャンス

キャロウェイ・ゴルフは、世界的に有名なクラブ、ビッグバーサを製造しているゴルフ用品業界のリーダーである。そしてCEOのジョージ・フェローズは、ゴルフ業界の経営者にはめずらしく、女性の顧客について深い知識をもっている。なにしろ化粧品メーカー、レブロンの元CEOなのだ。二〇〇五年にCEOに就任したとき、彼は目もくらむほど大きなビジネスチャンスを見てとった――もし女性を取りこめれば、このスポーツそのものが大きく育つはずだ、と。

「まぎれもないチャンスでした」とフェローズはいう。「女性はひどい扱いを受けていたんです」。娘ふたりの父親でもある彼は、スポーツ、ビジネス、生活などあらゆる面での女性の参加を以前から呼びかけていた。そして女性たちがゴルフを排他的なスポーツと見ているのを憂い、女性向けの製品をどんどんつくることで、その認識を変えさせたいと考えている。

「どうしたわけか、われわれの社会はいまだに、女性がすべての活動に男性とおなじレベルで参加すべきだという理念を実現できていません。しかしそうするためには、適当な用具をそろえなくてはいけないのです」

合わない用具を押しつけられたゴルファーは、ボールをうまく打つことができないせいで、コースに出ても自信をもてず、けっきょく足が遠のいてしまう。女性は歴史的に、このスポーツでは不利な立場におかれていた。「女性のクラブは基本的に、男性用クラブにピンクのシャフトを取り付けただけのものだったからです」

このチャンスを見てとるや、フェローズのチームは、女性の身体的差異を調整できる新しいクラブの製造に乗り出した。男性用クラブに手を入れるのではなく、特別に女性の体に合わせて設計したのが、「ジェムズ」というシリーズだ。

女性による女性のためのゴルフクラブ

女性のゴルファーやインストラクター、デザイナーたちから入ってくる情報にもとづいて、へッドデザイン、ヘッドサイズ、スイングバランス、シャフト重量、シャフトの柔軟性、グリップサイズなどに女性特有の人間工学による調整を加えたクラブが設計された。

女性のプレイ内容を向上させることで、ジェムズのシリーズが女性たちの信頼を得て、コースに出るときの気後れを減らし、積極的にゴルフを楽しめるようにしたい――キャロウェイはそう考えている。

製品開発チームには女性が起用されているし、ジェムズのマーケティング部門の責任者も女性が務めている。「女性の好むものを男だけで判断しようとするなんて、そんなばかげたことはありません」とフェローズは笑う。「われわれは消費者向けメーカーならかならずやることをやっています。自社の製品をターゲットの市場に見せて、感想を聞いているんです」

フェローズには経験という味方がついている。かつて口紅を売っていた彼は、ゴルフ業界のどの経営者よりも女性の買い物パターンにはくわしい。ゴルフコースの経営を左右する権限まではないものの、彼の率いるチームは、女性がこの業界にとって大きなビジネスチャンスであることを多くの人たちに説いて回っている。「女性は男性よりたくさんお金を使うので、より活発な経済モデルとなります。ファッションにお金をかける女性もいれば、ゴルフのウェアや道具にお金をかける女性もいる。それで不足はないでしょう？　ターゲットとしては十分に魅力的なんですから」

ファミリーで楽しむスポーツへ

女性はまた、つぎのターゲットとなる層、つまり次世代のゴルファーたちを取りこむうえでも重要な存在だ。女性がある活動に熱心になれば、その家族もついてくる。ゴルフは、家族みんなが一緒に一日楽しめる数少ないスポーツのひとつだ。最近は一家族の人数が減っているため、ゴルフカート一台に家族全員が乗りこむのも楽になった。

「お母さんとお父さん、それにお子さんたちが週末にゴルフをするようになれば、もう時間は問題でなくなります」とフェローズはいう。それどころか、その時間は宝物になる。美しいアウトドアの環境で、家族が一緒に過ごせる機会ができるのだから。「われわれ業界の人間がその後押しをしないなんて、ばかげた話です。そうすれば、プレイされるラウンド数も、いまの横ばいの状態から、しだいに増えていくでしょう」

フェローズの処方箋は、あきらかに効果があった。二〇〇八年にキャロウェイは史上二番目の売り上げを記録し、取締役会はその破格の業績を高く評価して、フェローズのCEO契約を二〇一一年まで延長することを承認した。ただしほかのゴルフ業界（コースやクラブの経営者たち）がこのチャンスを活かせるどうかは、今後の展開を待たなくてはならない。

キャロウェイの話から学べる教訓はつぎのとおりだ。

①女性は停滞した業界を発展させられる。

ある製品カテゴリーや業界が頭打ちになっていても、女性をターゲットにすることで、新たな顧客や収入をもたらすことができる。

②女性は次世代のお客をつかむカギとなる。

子どもやティーンエイジャーをある活動に参加させたければ、まず母親を夢中にさせることだ。

③女性の参加は多重効果をもたらす。

女性は、ある製品や活動に夢中になると、それを友人や家族にすすめるだけでなく、男性以上に衣料や用具にお金をかけてくれることが多い。

女性向けを前面に出した戦略の成功例

一部のすぐれた企業は、本来ユニセックスだった製品をもとに、特に女性にターゲットをしぼった商品を生み出してきた。任天堂もそのひとつだ。

二〇〇六年に発表されて以来、任天堂Ｗｉｉはあらゆる年代の女性を既婚未婚を問わずターゲットにすることで、ゲーム人口の幅を大きく広げてきた。ごくわずかな例外をのぞき、ゲーム業界が長らく無視してきた市場に切りこんだのだ。その努力はさっそく実を結んだ。現在のアメリカのゲーム人口の四〇パーセント、Ｗｉｉの購入者の五〇パーセントは女性である。二〇〇八年にはＷｉｉ　Ｆｉｔを発表、さらに女性を取りこみつづけている。この本を書いているいまも、

Ｗｉｉの売れ行きは男性向けゲームの世界的ベストセラー、グランド・セフト・オートを追い抜く勢いだ。

任天堂Ｗｉｉのよい点は、じつに多岐にわたっているので焦点をしぼるのがむずかしい。まず第一に、このゲームは遊び方の幅が広く、家族全員がプレイできるということ。第二に、広告にごくふつうの人たちを起用して、この製品は親しみやすい、恐ろしいものではないと示したこと。第三に、あきらかに女性をターゲットにした「プレイデート」という集まりやイベントを通じ、女性たちにこのゲームをプレイしてほしいと積極的に売りこんだことだ。

米国任天堂社長レジー・フィサメィは、『ロサンジェルス・タイムズ』の記者にこう語っている。「われわれはまったく新しい市場の要請を感じとっている。ニューヨークでＷｉｉ Ｆｉｔを買いに列をつくった人たちのうち、六〇パーセントが仕事をもつ女性だった。おそらくこれまでゲームを買ったことのなかった層だろう。みんな自分のために買っているんだ」

Ｗｉｉをプレイするには多くのエネルギーが必要になるが、そこから連想されるカテゴリーのひとつが食品だ。クリフ・バー&カンパニーのルナは女性向けの完全栄養エナジーバーで、この分野ではアメリカで最も売れている。とくに女性が必要とする栄養素が摂れるようにつくられた、最近はやりの女性向け栄養食品のトレンドを体現するブランドだ。

急速に成長中の、いわゆる機能性食品には、とくに四〇歳以上の年齢層の女性が敏感な反応を示している。ダノンのヨーグルト「アクティヴィア」（消化を助けてくれる）をはじめ、数えきれないほどのオレンジジュースのブランド、カルシウム添加飲料まで、食品メーカーは多くの女性向け製品を製造し、女性が本来もっている健康への関心に訴えかけている。

女性はまた、住宅リフォーム産業のくすんだ壁を打ち壊し、伝統的に男性優位のこの業界に色彩とスタイル、そして収益をもたらそうとしている。先見の明のある企業は、電動工具からハンマー、道具箱、ツールベルトまで、あらゆるものをつくりなおしているところだ。こうして新たにデザインされた製品は、女性の体の構造に配慮している（つかみやすい、握りやすい、持ち上げやすい）だけでなく、スタイルへの意識の高さを考え、明るい色や洗練されたデザインも特徴としている。

女性に向けた製品をつくることは、男性の顧客を犠牲にするということではない。実際に買い物をしている人たちに訴えかける製品を増やすことによって、あなたのビジネスの顧客の幅を広げ、収益を増やすということだ。

さて、適切な製品ができたなら、つぎの重要なステップは、「どのようにして、その製品を女性たちに買ってもらうか」である。

5章

女性にアピールする
マーケティングとは

マーケティング、とくに華々しい広告は、企業の女性に対する洞察（あるいは認識の欠如）が最も鮮明に表れる領域だ。

あらゆる商品の大半を買っているのが女性だということは、すでによくわかっている。なのに、アメリカの広告会社に勤めるクリエイティブディレクターの九〇パーセント以上、CMO（マーケティング最高責任者）の七〇パーセント近くを男性が占めている。多くの広告会社のクリエイティブ部門は、まるでボーイズクラブの様相だ。そのため女性向けのキャンペーンでも、けっきょく男性の目というフィルターを通ることが多く、そのあいだにいろいろな要素が失われてしまう。これだけ女性が個人消費を独占しているというのに、どうして立場が逆転しないのだろう。

この疑問には一言では答えられないが、マーケティングの役割やメディア環境がいくら複雑になっても、マーケティングのメッセージを受け取るのがたった二つの性であることはわかっている。大事なのは、ジェンダーアピールとセックスアピールには大きな差があるという事実を理解することだ。

ジェンダーアピールとは、どちらかの性の文化と強く響きあうことだ。そのメッセージやイメージは男性あるいは女性の集合的無意識——通過儀礼、人生の節目、コミュニケーションのスタイル、身体の問題、動機づけ——に深く入りこむ。たとえば、思春期の痛みは世界共通だが、初潮の記憶や感じ方は女性特有のもので、最初の勃起の記憶は男性特有のもの。ところがみんな、まるで空気があることに気づかないように、ジェンダーの存在を見逃している。これは誤りだ。

人生を理解し解釈するうえで、ジェンダーは最も大きなフィルターなのだから。

しかしセックスアピールは違う。それは他者が性的に興奮を感じるような言葉やイメージ、人を指し示すものだ。何がセクシーで何がセクシーでないか、女性と男性とでは感じ方がどう違うかといったことは、ある程度年をとればだれでもわかってくる。

私はいま、コニャックのレミー・マルタンのポスターを眺めている。すばらしくきれいな女性がふたり、なんだかエロティックな感じに抱き合っている。片方の女性が相手の女性のネックレスを口にふくみ、歯を立てている。キャッチコピーはこうだ——「さて、おもしろくなってきた」。これは要するに、レミー・マルタンを注文した男性は、美しい女性ふたりがその気になったところを見られるという意味らしい。これがコニャックの宣伝とは！　思わず笑ってしまう。この広告はどっぷりと男性文化に浸かっているが、逆向きの効果は決してありえない。

想像してみてほしい。女性向けのおなじような広告で、肌もあらわな男性ふたりがエロティックなポーズをとって、男性のひとりが相手の装身具にかみついているところを。女性たちはこの広告に失笑するだけでなく、ゲイの男性をターゲットにしていると思いこむだろう。レミー・マルタンの広告は、男性と女性では、どんな空想にふけるか、何にあこがれるか、どんな動機づけで製品を選ぶかが、いかに異なっているかを示している。

どんなマーケティング担当者も、最高のキャンペーンとは、人々との情緒的なつながりをつくりだすものだということは心得ている。しかしその半分の人たちが、残り半分とはまったく違う情緒をもっているとしたら？　本書の最初から見てきたように、女性の情緒的な知覚、反応、記憶は、男性とは違っている。こうした違いがよく理解できていなければ、ターゲットとつながろうとするキャンペーンは失敗に終わる。そしてたちまち忘れ去られる。反対に、正しい知識さえ備わっていれば、男性でも女性でも、ジェンダーアピールの可能なマーケティングキャンペーンをつくりだせるのだ。

パロディ本に表れる本音

ジェンダーアピールの楽しい一例として、『ポルノ・フォー・ウィメン』というフォトブックのシリーズを見てみよう。これは女性がどんなときに男性をセクシーに感じるかを示したパロディだ。どの本のなかでも、ハンサムだけれどちゃんと服を身につけた男性たちが、家のこまごました雑用をこなし、見えないところにいる女性――すなわち読者――に向かってすてきなほめ言葉をかけてくれる。男性たちがカメラをじっと見つめ、こんな言葉をささやいている写真が満載なのだ。「アンティークってすごくゾクゾクするね！」「きみのお姉さんに子どもができたなんて、最高の気分だよ！」「ねえ知ってる？　今日、家のローンを完済したんだ！」。この本にはあふれんばかりのジェンダーアピールが詰まっている。男性の口からこういう文句を聞くのは、まさに多くの女性の夢だからだ。「家事プレイ」なるすばらしい言葉も新しくできている。男性がわずらわしい雑用を片づけてくれるとき、女性がじんわり幸せになる気分を表したものだ。

『ポルノ・フォー・ウィメン』はあきらかにパロディだが、女性と男性が夢みるものがどれほど違っているかを示す格好の例といえる。大半のマーケティングは、もっと美しくなりたい、成功したい、幸せになりたいという人々の夢に訴えようとする。だがそうした夢が具体的に何を意味するかが、男性と女性とでは違っているのだから、まずそれを理解することが先決だ。

女性向けマーケティングでは「よいストーリー、プライスレス」

マスターカード・ワールドワイドと広告会社マッキャンエリクソン・ワールドワイドのチームは、一企業がジェンダーアピールの技術をいかにマスターしたかというすばらしい実例を伝えてくれる。

例の「プライスレス」のキャンペーンは、マーケティングの壁を飛び越え、ポップカルチャーの仲間入りをし、なんと一九九七年からいまにいたるまで、一一〇カ国、五一の言語で展開されつづけている。このキャンペーンは多くの理由から研究の価値があるが、ここで注目するべきなのは、マスターカードの関係者たちのみごとな技量だ。彼らは世界で最も有力な消費者（女性たち）と情緒的につながり、また同時に男性へのブランドアピールも失わなかった——金融業界において、これはそうかんたんなことではない。

「プライスレス」のＣＭは、人生のなかで起こるお金では買えないものについて、ささやかだけれど完璧に練り上げられたストーリーを物語る。

「嘘みたいにシンプルなキャンペーンでしょう」と、南北アメリカのマーケティングを担当するエイミー・フラーはいう。「でも、テレビスポットに使えるような人間的な洞察を見つけるのは、とんでもなくむずかしいことなんです」。エイミーのやっている仕事は、自分にもできるとみんなに思われているらしく、見も知らない人たちが「プライスレス」のＣＭのアイデアを教えてくれるという。マスターカードはそれほどあのストーリーをやさしいものに見せているが、タイガー・ウッズだって見かけほどかんたんにゴルフをこなしているわけではない。

頭と心をつかむ

愛、時間、家族、子どもなどが一般にお金では買えない《プライスレス》ものだと思われているのはたしかだが、そんな一般論だけではなんの驚きの要素もなく、効果的なマーケティングは生まれてこない。このキャンペーンが大当たりした理由は、細部にある。「プライスレス」のＣＭは、私たちの日常をつくっている何気ないもの、たとえば手作りのラザニア、ペディキュア、ゴムまり、キャンディの箱などを通じて、かけがえのない瞬間を描き出す。そしてこのキャンペーンの具体性が、女性たちにこう感じさせる――この会社は私に語りかけている、これは私の人生なのだ、と。

　このＣＭを見れば、マスターカードがいかに女性心理をつかんでいるかがわかってくる。第一に、担当クリエイターは、女性が自分の買い物を合理化すること、とくに自分のためにお金を使うときにはそうせずにいられないことを知っている。私の好きなCMのひとつに、「これはあれにすごく合いそう」編がある。このCMでは、まあまあきれいだけれど飛びぬけて美しいとはいえない女性が、前に買ったものに合うという理由でつぎつぎと新しいものを買っていき、ひとつの小さな買い物がドミノ効果のようにどんどん大きな買い物につながっていくところが表現されている。コピーを見てみよう。

ペディキュア……二八ドル。
ペディキュアの見えるピープトウのパンプス……九六ドル。
ペディキュアの見えるパンプスに合ったすてきなドレス……一五〇ドル。

そして画面は、ティファニーのウィンドウに飾られたきれいなネックレスに見とれている女性に切り替わり、画面の外から声がいう。「うん、ぴったり」。彼女は目をぐるりと回してにっこりし、足取り軽く去っていく。すてきなペディキュアを塗ったからといって、新しい高価な装身具まで買いそうになった自分を笑いながら。彼女はそこまで夢うつつの気分だったのだ。

最後はナレーションで締めくくる。「この瞬間を生きること、プライスレス。お金で買えない価値がある。買えるものはデビット・マスターカードで」

マスターカードは女性の買い物の仕方をよくわかっている。女性は直線的にはモノを買わない。むしろ、ひとつ小さなものを買うことで、計画になかったものをつぎつぎ雪だるま式に買っていく。

「プライスレス」キャンペーンは当初から一貫して、ジョイス・キング・トーマスという女性のクリエイティブディレクターが統括していた。いまもこのキャンペーンを初めに手がけたマッキャンエリクソンに勤めている。

「このキャンペーンが男性にも女性にも好まれるのは、いろいろな場面を人間的に描いているからです」とキング・トーマスはいう。「人間の大いなる真理を見つけられたら、単なる機能面のメッセージを伝えるよりいいに決まっているでしょう。このキャンペーンを始めたときの二本柱は、頭と心でした。まず、機能面での利点から始めます――カードを使ってこれこれのものを買える、と。けれども、人生はお金だけではないし、人がみんないろんな経験や感動を求めていることもわかっている。例のCMを試しに見せると、女性からはもちろんよい反応がありますが、大きくていかつい男性たちも涙ぐむんです」。ジョイスは、ニューヨークの大手広告会社の女性クリエイティブディレクターというめずらしい存在だ。世界で最も成功し、長期にわたるキャンペーンを率いているのが女性だというのは、私には偶然だとは思えない。

マスターカードはどうして男女両方にアピールするのか

クレジットカードの普及率は男性も女性もおなじなので、大方の業界と同様、マスターカードも男性を遠ざけていられる余裕はない。ただしデビットカードを使う割合は女性のほうが多く、商品の大半も女性が買っている。そこで同社では、男性雑誌では男性に、女性雑誌では女性に的をしぼるという媒体別の戦略をとっている。

一般市場向け広告では、男女に共通する出来事や人生のステージ、たとえば子どもが大学に入るといった瞬間を巧みにとらえている。こうした広告は、表向きには男女両方にアピールするが、一皮むけば、とりわけ女性の心理に強く訴える。人生の記念になる出来事——誕生日、卒業式、お祝いごと——の切り盛りをまかされるのは、ふつう女性だからだ。つまりマスターカードの広告は、男性には気づかれないところで、女性に向かってより強く語りかけているのだ。ペイトン・マニングのようなプロフットボール選手を起用するときでも、「彼も弱いところのある存在として、つまりふつうの人間として描いています」とキング・トーマスはいう。

あなたの会社にとってプライスレスな教訓

マスターカードから学べることは、以下のとおり。

● ストーリーを語ることこそ、女性との情緒的な結びつきをつくりだすうえで最も効果的なテクニックである。

昔ながらのコミュニケーションのかたちが、いまでもベストなのだ。

●人間的な経験を中心にすえるアイデアは、世界中でも最も容易に翻訳される。

世界的なキャンペーンに乗り出すのであれば、マスターカードはその教科書となる。ローカルでありながら、普遍的な人間的真実のもとに生み出されたものだからだ。

●頭と心に響くキャンペーンを考え出す。

女性は製品のスペックよりも、個人的な経験や実例によい反応を示す。あなたのターゲットが女性なら、製品ではなく彼女たちを主人公にすること。

小さなブランドのマーケティング戦略

いまごろあなたは、こう思ってらっしゃるのではないだろうか？　うちみたいにマスターカードの一〇分の一も予算がなくて、全世界どころか全国レベルの放送キャンペーンもできない小さな会社は、どうすればいいのか、と。

「何か大きな意味を伝える」というマーケティング戦略はどうだろう。これはどんな企業にもあてはまるし、とくに小さな会社には有効な哲学だ。小さなブランドには大きな個性が要る。何かしらの主張がなくてはいけない。女性のモチベーションの核心は、つながることにある。彼女たちと共通の主張や価値観にもとづいた、「このブランドとならつながりたい」と思わせられるような個性をつくりあげれば、ほんとうのジェンダーアピールが可能になる。

　参考として、サンフランシスコのメソッドという会社を経営する型破りな起業家たちを見てみよう。メソッドは家庭用掃除用品のメーカーだ。その製品はデザインにすぐれ、いい匂いで環境にやさしく、まるでアートのように置いておける。なんでもない石鹸や掃除用品が、かつてのデザイナー・ジーンズなみにヒップになった。どれもほんの数ドルなのに、たとえばポストモダンなボウリングのピンのようなソープボトルなど、美しく目を楽しませる容器に入っている。

　けれどもこのブランドは、ただ見た目がいいだけではなく、すぐれた世界観ももっている。創業者は、自分たちの会社をひとつの大義とみなし、実際にそうしたマーケティングを進めているのだ。

　いまでは一五〇の商品を擁する売り上げ一億ドルの会社だが、もともとは幼なじみのエリック・ライアンとアダム・ロウリーが二〇〇〇年に立ち上げたものだ。当時はまだ二〇代だったライアンとロウリーは、食料雑貨店でもとくにくすんだ一角である掃除用品コーナーにデザインとエコを取り入れようと思い立った。だがふたりのもっと大きなアイデアは、汚れに対する革命をつくりだすことにあった。

「偉大な会社は、ただ会社として始まるんじゃない。大義として始まるんです」と、カリスマあふれるライアンはいう。「われわれメソッドの大義は、世界から汚れたものを追放することです。われわれのブランドはひとつのムーブメントだと考えています」

ライアンとしばらく話したあとには、あなたもおなじように、この世界を変えたいという気持ちになっているだろう。そして自分がまだ何もしていないことを少し恥ずかしく感じるだろう。たいていの起業家は、自分の好きなことをもとに事業を始める。でもこのふたりは違う。ライアンは掃除が大嫌いだ。彼の寝室はちらかり放題だった。そして自分だけが例外でないことを知っていた。「われわれの大きな発見は、家に対するみなさんの関心はきわめて高く、たくさんの想いのあふれる場所だということ。そして掃除が好きではない方でも、室内デザインは大好きで、自分の家に誇りをもっているということです」。ライアンはいう。「そこで、みなさんの家にかける愛情や想いと、その手入れのために必要な製品とをつなげられれば、われわれの事業の基盤ができるだろうと考えたんです。料理のわずらわしさでなく料理の喜びに注目した、キッチン用品のウィリアムズ・ソノマの発想に似ているかもしれません」

ライアンとロウリーは、環境にやさしい企業をつくることを強く意識した。世界で最も神聖な場所、つまり家を掃除するのに、ラベルにドクロのマークのついた化学製品が使われていることをふたりは皮肉に感じていた。「自分の家を清潔にするのに、どうして毒薬を使ってるんですか？　実際に体にいいものであるべきでしょう」。この着想から、メソッドは生まれたのだ。

「汚れと戦う」というマニフェスト

メソッドは事業のあらゆる局面を通じて環境にやさしいデザインという哲学を練り上げ、その周囲に自らのブランドをつくりあげた。マニフェストの締めくくりにくるのは、ウィットに富んだ草の根のマーケティングキャンペーン、「汚れと戦う人々《ピープル・アゲンスト・ダーティ》——どんなかたちであっても、すべての汚れとの戦いに身を投じよう」だった。このメソッドの考える「汚れ」という言葉の意味は広く、動物虐待から屋内の悪い空気までふくまれている。

　要するに、メソッドの客はその製品を買うことで、世界中の家庭やいたるところにある有毒物質、不快な化学物質を排除する戦いに加われるのだ。「汚れと戦う人々」のブログもある。ファンサイトもある。支持者たちもいる。メソッドの客は圧倒的に女性が多く、みんな水道の蛇口の横に同社の美しいボトルを置くたびに、自分自身のことをこう語っているように感じるのだ——私はセンスがいいだけでなく、環境にもやさしい。

「われわれはお客さまのこと、そしてわれわれ自身のことを、〝汚れと戦う人々〟だと考えています」とライアンはいう。「基本的にお客さまは支持グループだと考えているんです」。とくに熱心に意見をいう顧客は、ＰＲのルートとして扱われる。彼らにも、ジャーナリストたちに配布しているのとおなじ報道資料やサンプルを送るのだ。こうした顧客たちが製品のことをブログに書くと、だれもが追いかけるソーシャルメディアすべてに、メソッドがつぎつぎに登場してくる。

予算は小さくても発想は大きく

メソッドはマーケティングに大きな予算を使わなかった。何よりもそれだけの予算がなかった。

だが「汚れと戦う人々」というマニフェストは、マスコミや一般大衆の想像力をとらえた。ちょうどアメリカで環境運動が勢いを増している時期で、きわめて時宜を得たメッセージだったのだ。強力なエコ重視の哲学と最新スタイルの組み合わせは、たいへんな注目を浴びる結果となった。

ライアンとロウリーはスタイルと、そのマーケティングツールとしての潜在力を強く認識していた。そして世界的なインダストリアルデザイナーで、アンブラなどの会社に制作物を提供していることで知られるカリム・ラシッドに依頼し、新しいシリーズ用のモダンで清潔で控えめなデザインをつくりだした。その製品は発売初日から、各女性雑誌やテレビ番組、ウェブサイトなどのメディアで取り上げられた。「私は最初から、われわれのパッケージは市場で受け入れられると思っていました」とライアンはいう。メソッドを創業する以前、彼自身もマーケティングを担当していたからだ。

同社はいまやイギリス、カナダ、オーストラリアに進出し、ほかの国々とも販売契約を結びつつある。最近になって製品提供の幅を広げ、赤ちゃんのケア用品も発表した。「清潔な赤ちゃん」というこの新シリーズで、メソッドは女性たちとの信頼関係を巧みに活用し、彼女たちが子ども用に買う商品にまでその関係を取りこんでいる。

あなたの会社が小さく、マーケティングの予算がきびしいというとき、自分にこう問いかけてみるといい。何に賛同するのか？　何に反対するのか？　女性がわが社の製品を買うとき、その製品は買い手の女性をどのように物語るだろうか？　製品そのものよりも大きな哲学にくみしているか？　わが社の製品やサービスを使うだけで、女性たちにより賢くなったと感じさせられるか？　このように自問していくことで、女性がつながりたいと思うような洗練された立ち位置を手に入れられるかもしれない。女性はつねに他者と共通するものを探している。彼女とあなたが共有しているものはなんだろうか？

あなたの会社のための教訓

メソッドが教えてくれることは以下のとおり。

●あなたのブランドが小さければ、大きな個性を与えること。

巨大な組織を相手にするときは、特大の個性をもって、特大の予算に対抗しよう。

●あなたのブランドに、大きなアイデアを協調させること。

メソッドは家庭の掃除を「世界から汚れたものをなくす」というキャンペーンにまで高めた。あなたのブランドを包みこめるような、何か大きなアイデアはないだろうか？

●デザイン的観点から、自社製品を見直してみよう。

まったく別の業界の人間になったつもりで、自社製品のデザインやパッケージを見てみよう。もしあなたがＢＭＷに勤めているとしたら、デザインにどのようにアプローチするだろう？　フレッシュな工業デザインの手法をもちこめるだろうか？　パッケージの工夫は、マンネリ気味の業界を揺り起こす力を秘めている。塗料のダッチボーイしかり。クリネックスしかり。あなたの会社でもできるかもしれない。

オンラインとオフラインを統合する

インターネット使用に関する調査であきらかになったのは、ほとんどの人たちが、ながら（マルチタスク）でやっていることだ。ネットを使っている人たちの八〇パーセント以上が、パソコンを使うと同時に別のメディアを見たり別の活動をしている。別のメディアとは、ほぼテレビといっていい。そしてテレビとインターネットの統合の最たるものが、ファッションを扱うオンラインショップ、ブルーフライ・ドットコム（Bluefly.com）とテレビ番組「プロジェクト・ランウェイ」の提携関係だろう。両者の結びつきはすばらしく緊密なものだ。

「プロジェクト・ランウェイ」は、有望なファッションデザイナーたちが次代の大物というお墨つきを求めて競い合うリアリティ番組だ。スーパーモデルのハイディ・クラムがホスト役を、ファッション界の大御所たちが審査員を務める。そしてエピソードごとの最後に、だれが「イン」、だれが「アウト」になるかが宣告され、野心あふれるデザイナーたちの運命が決定される。勝者は自分のブランドを立ち上げる資金として、一〇万ドルの賞金をもらえる。

そして第四シーズン以降、ブルーフライ・ドットコムがこの番組と提携関係を結んだことで、さらに活気が加わった。ブルーフライの製品がさりげなく番組に登場し、ドラマのわき役となったのだ。このときブルーフライが駆使したノウハウは、統合マーケティングのまさにお手本といえる。

第一に、ブルーフライは優勝したデザイナーの作品に似た商品を、自社のウェブサイトで購入できるようにした。視聴者は、最高評価を得たファッションを指をくわえて眺めていなくてもよくなった――番組終了から午前六時三〇分までの間に、そのデザインに雰囲気の近いものをサイトで買うことができるのだ。「木曜深夜の『プロジェクト・ランウェイ』が話題になっているのは知っていたので、その視聴者たちをそっくりブルーフライに移せればと考えたんです」とブルーフライのCEO、メリッサ・ペイナーはいう。このプロモーションのテーマは、「ブルーフライと『プロジェクト・ランウェイ』――あなたもあの品を買いましょう」だった。

プロモーションの目玉は、ブルーフライがスポンサーとなっている「アクセサリーズ・ウォール」だ。出演したデザイナーたちの作業室の壁に、彼らが自分のデザインと合わせて使うバッグ、装身具、靴などが展示されている。毎回、たいていは番組のデザインアドバイザーのティム・ガンがブルーフライの名を何度も口にする。さらにブルーフライのサイトでは、壁に飾られていたのとおなじバッグや靴を買うことができる。視聴者が「あの品」を買えるようにしたことで、ブルーフライは自社の在庫品を巧みにひとつのストーリーへとつくりかえた。ブルーフライが扱う衣料はいまや、ただの服にはとどまらない――「プロジェクト・ランウェイ」の興奮の一部なのだ。

ブルーフライはまた、勝者に贈られる賞品の重要な一部にもなっている。番組では、勝ったデザイナーが自分の新コレクションをブルーフライで販売できるという特典を熱心に宣伝した。また選ばれた視聴者が、ウェブサイトで好きな品を一万ドルぶん買うことができるというコーナーももうけた。「ティム・ガンがそのことを口にした瞬間、サイトのビューがいきなりはねあがるんです」とペイナーはいう。

番組とさらに緊密につながるために、ブルーフライのウェブサイトは、自社の販促コーディネーター、ミンディ・ドーフの魅力的なブログを掲載している。彼女はそこで番組の舞台裏を紹介しているのだが、その文章は若いファンのように熱烈で勢いがある。こうした努力を通じて、ブルーフライは自分たちを、顧客におとらずこの番組に夢中なファンとして位置づけている。

ブルーフライがつくりだしたのは、圧倒的多数である女性の買い手との「体験の共有」だった。「私たちのお客さまはポップカルチャー、セレブ、個性のある服装などに深い関心をもっています」とペイナー。体験の共有が、おたがいに結びつくための強力なツールになるのは周知のことだ。女性たちはブルーフライの呼びかけに応え、第四シーズンの数週間で新しいビジターは三〇パーセント増えた。勝者クリスチャン・シリアーノのコレクションがブルーフライで売り出された週は、なんと七〇パーセントの増加があった。そして二〇〇八年の第一四半期の売り上げは二二パーセント上昇した。

この成功を受けてブルーフライは、『お買いもの中毒な私！』という映画を通じたプロモーションを展開した。その統合もじつに緊密で、映画のオフィシャルサイトがBluefly.comのサイトのなかにあったほどだ。「いくつかの番組でCMを一回流すだけでは十分ではありません」とペイナーはいう。「あらゆる場所に現れるよりも、ひとつにしぼって要所要所に顔を出すほうが効果的でしょう」

たえず動きつづける女性たちの心をつかむのは容易でないが、彼女たちは好きなテレビ番組や映画には注意を怠らない。ブルーフライと「プロジェクト・ランウェイ」のキャンペーンは、女性たちが何かに夢中で楽しんでいるあいだに直接語りかけることがいかに大事かを示す好例だ。

あなたの会社のための教訓

ブルーフライから学べることは以下のとおり。

●熱気は伝染する。

あなたの会社のターゲットが何かに夢中になっているなら、あなたも臆せずに加わって堂々とファンになってしまえばいい。女性客との結びつきをつくるのに大いに役立つだろう。

●何かのファンに対して、行動のきっかけを提供しよう。

自分の好きなテレビ番組やバンド、映画などと、たとえ間接的にでもつながれるチャンスがあれば、ファンは大喜びするだろう。マクドナルドは何年も前から、ハッピー・ミールと映画のタイアップを通じて、そうしたチャンスを提供してきた。けれども、大人の女性に照準を合わせたものはあまり多くない。

●無名の社員を活用しよう。

二〇〇八年の経済危機以降はとくにそうだが、会社の古参従業員たちはCEOよりも信用がおけると考えられている。つまり、あなたの会社の名もない社員たちを解き放つときがきたということだ。ほんとうに魅力的な社員がいればブランドの顔になってくれるかもしれないし、そこまでいかなくても、とりわけ若い層に対して何かしら影響力をもてるだろう。ブルーフライは、CEOのブログに加え、販促コーディネーターのブログも掲載している。テレビのリアリティ番組の世界では、役員室よりも仕切りのなかにいる人たちのほうが興味深く、また信用できると思われることが多い。

●集中的なメディア展開をしよう。

細分化した今日のメディア環境では、浅く広く露出するよりも、適切なひとつの場を深く掘り下げたほうがより効果的だろう。

女性の共感はどこに生じるか

マスターカード、メソッド、そしてブルーフライは、女性の文化的な価値観をうまく活用した。あなたも会社のアピール度を増すためには、以下にあげるような、女性の基本原理に従わなくてはいけない。

自分のまわりの世界をよりよくする

一般的に女性は、たとえささやかでも、なんらかのかたちで世界をよくしていると感じられる製品やサービスにひかれる。調査を見ても、大義につながるマーケティングと「緑のキャンペーン」は、女性たちに最も強力な支持層を得る。あらゆる年齢グループや教育レベルを通じて、女性がボランティア活動をする割合は男性よりも高い。

「おなじ買うならいい気分になれるところで」を基盤としてマーケティングをおこなっているホールフーズ・マーケットは、このコンセプトのまさにお手本だ。同社は、製品や活動に関して積極的に消費者とコミュニケーションをとり、この店で買い物をするだけで、自分や家族の健康に貢献するだけでなく、有機野菜の生産者の労働条件を改善し、環境破壊を最小限にとどめる役にも立っている、と感じさせている。日ごろはそうしたことを深く考えるひまのない女性たちも、ホールフーズ・マーケットに行って夕食用にオーガニックのお肉やジャガイモを買うだけで、少しだけ世界に、また自分の体にいいことをしたと満足できるのだ。

農薬を使わず、環境破壊を防ぎ、世界の最貧国の労働者たちの生活を改善できるとなれば、その店まで足を運ぶだけの値打ちは十分にある。ホールフーズほどのレベルで社会的責任を引き受けられる会社は少ないだろうが、たとえば地元コミュニティにある組織をサポートするといったわずかな努力でも、あなたのブランドに対する女性たちの意識を大きく変えることができる。ホールフーズのやり方を見習って、たとえばあなたの会社の製品がどこからきているか、だれが生産しているかを顧客に伝えてもいい。これならどんな規模の会社でもできる。

不完全さにひかれる

女性は、人間は魅力的なものだと思っているので、マーケティングの素材に使われる人々のイメージや描写に強い興味をもつ。そして、少々変わっていても、正直で、完璧さを気取ったりしない人物は、とても歓迎される。オプラ・ウィンフリーやエレン・デジェネレスの人気、プロのモデルのかわりに一般女性を起用して成功したダヴの「真の美しさのためのキャンペーン」などを見ればよくわかる。

女優でコメディアンのティナ・フェイが登場するアメリカン・エキスプレスの広告は、この種のジェンダーアピールを表す好例だ。アメリカン・エキスプレスの息の長いマーケティングキャンペーン、「マイ・ライフ、マイ・カード」では、セレブの人生の個人的な——誠実で一風変わった——側面が垣間見られる。とくに魅力的なのは、ティナ・フェイが登場するものだ。フェイが紙くずの散らばったオフィスで机の下に座りこんでいる。かわりに椅子に座ってコンピュータをたたいているのは、彼女の娘である赤ちゃんだ。フェイも、彼女がすすめている製品も、とても親しみやすく魅力的に感じられる。人々はこう思う。彼女は才能にあふれ、スマートで幸せいっぱいで成功しているけど、私とおなじで完璧じゃない。彼女がもっているものなら、私も手に入れられるだろう——。

買い物上手にさせる

自分が買い物上手であることには、ほとんどの女性がプライドをかけている。だとすれば、あなたの会社の製品やサービスがなぜお買い得なのかをはっきり伝えることが重要になる。それも、なるべくならセンスのいいものであったほうがいい。女性にとってのお買い得は、かならずしも最安値とおなじではない。自分が払ったお金以上の価値があるものを手に入れる、ということが大事なのだ。

安くておしゃれな量販店「ターゲット」は人気のブランドで、その店で買い物をするのは賢明だと女性たちに感じさせる。このブランドの長所は、マーケティングが現実の顧客の経験にきちんと合致していることだ。マーケティングの賞を数えきれないほど受賞しているターゲットのチームには、電気掃除機のようなありふれた品を最新のグラフィックスと組み合わせるといった着想があった。またマイケル・グレイヴスやアイザック・ミズラヒといったデザイナーたちと組むことで、社の全般的なブランドイメージにシズル感を加えている。

ターゲットの製品はどれも、お手軽に作り直したという印象がない。おなじみの有名デザイナーではなくトレンディな若手デザイナーを起用するときにも、ただコストを節約するためではなく、事情通だからこそというスタンスをとる。そして同時に、顧客たちがデザイナーの名前でなく才能を認めてくれると信用している。逆にいうと、ターゲットは大きなデパートがまだ発見していない何か特別なものを提供してくれる、という印象を与えるのだ。

同社のモットー「すべての人にデザインを」は、安い商品を好む人たちもよいデザインを受け取る資格があると伝えている。ターゲットの製品の多くはウォルマートやKマートの陳列棚にある品と変わらないのだが、ミネアポリス発祥のこの店がスポットの当たる場所に躍り出たのは、マーケティングの力のおかげだった。同社は収益の五パーセントを地元のコミュニティに還元する方針をとっていて、その金額は一週間あたり三〇〇万ドルに達する。

人を気にかける

世界中のどの社会でも、子どもやお年寄りの世話をしているのは、おもに女性だ。コロンビア大学で、性差に注目する医療実験施設を創設したマリアン・レガト博士によると、自分以外の人たちに女性が寄せる関心は、異常なほど発達している。理由については諸説あるが、そのうちのひとつは、子どもに関連する活動、つまり妊娠、出産、授乳などをおこなったときに、女性のオキシトシンのレベルがはねあがるということだ。オキシトシンは母親らしい行動をうながす「信頼のホルモン」の一種で、その存在が、女性が他者の世話に心から喜びを感じることの説明になるらしい。

クリネックスは、「レット・イット・アウト（外に出しましょう）」というすばらしいマーケティングキャンペーンをおこなっている。多くの人たちに、おたがいの声に耳を傾け、想いを吐き出してしまうように（必要ならそばにクリネックスがある）、そしてそれを恥じないようにと呼びかけているのだ。クリネックスのウェブサイトでは、他者への気遣いのしるしとして、比喩的な意味でティッシュの必要な人にクリネックス（ティッシュの箱のアイコン）を「あげる」ことをすすめている。だれでもクリネックスのウェブサイトに自分の個人的な想いや話を投稿でき、読者は最も共感をおぼえた投稿者に「クリネックスを回す」ことができる。軽いタッチでありながら、すばらしく女性にアピールするキャンペーンだ。同社には一九八〇年代から、他者を気づかう女性の性質に訴えるマーケティングキャンペーンを生み出してきた歴史がある。

仕組みよりも、何ができるかが大事

どんなマーケティング担当者も、この質問にはさっと答えられるようにしておいたほうがいい

――「この製品はどういう役に立ってくれるの?」。女性は実用的な説明、たとえば「このカメラは完璧な写真が撮れて、らくらくコンピュータに取りこめるし、すぐにアップロードでき、友だちや家族に見てもらえます」といった書き方に関心を示す。男性が興味をもつのは、たとえば「この高性能カメラは光学式手ぶれ補正機能、八〇〇万画素、f2.8–4.9 3X の 38–114mm 光学式ズームレンズを備えています」という説明だ。

女性を相手にするときは、あなたの会社のブランドについて、ざっと簡潔に説明できることが重要になる。

女性は「進歩する」というメッセージに反応し、男性は「勝つ」というメッセージに反応する

女性は自分のことを、製作中の作品のように考える。そして、自分自身や自分の健康、環境、家族の生活を改善しようと努力を続ける。

女性の達成意識を認めるマーケティングメッセージは、内面的なものとなる。たとえどんなものであれ、その人のベストをつくそうと呼びかけるメッセージは、ジェンダーアピールをつくりだす最良の手段だ。

ヘルスクラブ業界は何十年も昔から、スパンデックスに包まれた完璧なボディしか出てこないようなキャンペーンをおこなう傾向があったが、ゴールズ・ジムはその枠を破り、「あなた自身の強さを知ろう」というテーマでキャンペーンを展開している。そこにあるのは、強さとは完璧なボディ以上のもの、外面的であると同時に内面的なものであるというメッセージだ。ある広告では、ステアマスターという階段を登っていく女性の脚のクローズアップ写真が使われ、その一段ごとにつぎのような文字が見えている。

一階
二階
一二階
ペントハウス
エンパイアステートビル
キリマンジャロ
エヴェレスト
オリュンポス
出世の階段

この広告を締めくくるのは、「あなた自身の強さを知ろう」という言葉だ。

これを始めとして、ゴールズ・ジムのキャンペーンが伝えるのは、完璧なボディだけがワークアウトの目標ではない——同時に、身体的にも精神的にも強くなって、日々の難題に立ち向かっていこうというメッセージだ。かつてはバーベルのセットを置いていたヘルスクラブとしては予想外のポジティブなメッセージで、もちろん女性に対するアピール度は高い。

女性は個人的なストーリーに反応し、男性は事実情報に反応する

女性の会話は、家族や周囲の人たちの話でいっぱいで、しかもそれは細部にわたる。男性どうしが話をするときは、仕事やスポーツ、世界の出来事、目新しいガジェットなどが話題になる。社交面でいえば、男性は感情よりも事実をやりとりするほうが受け入れやすく、女性はその反対だ。これは当然マーケティングにも関係してくる。

プライベートでも、そうした違いはすぐに目につく。何週間か前、私が夫のエリックから、彼の上司のダニエルが婚約したと聞いたときもそうだった。

それはすごい大ニュースだった。私たちは前々から、ダニエルはいつになったら恋人にプロポーズするのだろうと考えていたのだ。

私は勢いこんで夫にたずねた。「それで彼、なんていってた?」

エリックは落ち着いた声で答えた。「婚約したといってたよ」。間があった。「ほかにいうことなんてあるのかい?」

本気でいってるの? いくらでもあるでしょう。いったいどんな様子だったのか、彼がなんていったのか、彼女がなんていったのか。なのにエリックは、そうした情報を何ひとつもちあわせ

なかった。まったく。何ひとつとして。私たちはすれちがったまま、ただ顔を見合わせていた。男性は情報を伝えるために話し、女性はつながるために話す——そういうことなのだ。

オリンピックの期間中に、あちこちの局で「人物クローズアップ」のようなコーナーが始まったのを覚えているだろうか？　もともとはABCネットワークが、外国人選手たちへの関心をアメリカ国内で高めようとして製作したものだ。するとこの短いコーナーは、ただ視聴率をとるだけでなく、女性視聴者にきわめて大きな反響を呼んだ。女性は試合そのものにおとらず、舞台裏での人間ドラマにひきつけられる。そして、あの選手はどういう人なのか、毎朝夜明けとともに起きだして練習に出るという生活をどうして二〇年も続けられるのか、といったことを知りたがる。女性にとっていちばん興味深いのは、人生の人間的な側面なのだ。

女性にアピールするためのマーケティング戦略を練ろうとするときには、以下のチェックリストを参考にしてほしい。すべて女性に対して効果があることがわかっているテクニックだ。

□ストーリーを語る
□個人的な感謝
□使用前、使用後の比較
□価値ある大義との連係

□ユーモア（だれかを笑いものにするのではなく――女性は冗談で笑われる側に同化する）
□ほめ言葉
□謙虚さ
□人生の節目への言及（記念日、誕生日、休日）
□ライフステージへの言及（年齢への言及ではなく）
□製品ではなく、女性を主人公にする
□安いというのではなく、買い物上手だと感じさせる
□ぜいたく品を買う理由を与え、安心させる――うしろめたさを取り除く
□仕組みではなく、なんの役に立つか

PRでは、情報源が重要

スージーはサンフランシスコに住む三人の子どもの母親だ。彼女は家庭で使うミネラルウォーターのペットボトルのことで迷っていた。最近のニュースで、あるブランドのボトルから溶け出す化学物質が健康に有害な可能性がある、と聞いたのだ。彼女も子どもたちも活動的なので、水のボトルは欠かせない。どの製品を買うべきか、信頼できる見解が必要だった。そこで地元の育児グループにあたってみたところ、シグというスイスのブランドのボトルはアルミニウム一〇〇

パーセントで、汚染の心配がないことを知った。彼女はさっそく店に出かけ、家族ひとりに一本ずつ、計四本のボトルを買ってきた。彼女の信頼する情報源——地元の子育て支援ウェブサイトやコミュニティフォーラム——が今度も期待に応えてくれたのだ。

スージーがシグを見つけたようなケースは、どんどん一般的になりつつある。スージーのように忙しい母親は、仕事と家庭の用事でほとんど時間的余裕がなく、マーケティングのメッセージを受け取るにも限度がある。知る必要のあることは、近道をして見つけようとする。最も信用できる情報源に照準を定めて、女友だちや母親、小児科の医者のほか、お気に入りの雑誌、ウェブサイト、ブログ、テレビ雑誌などにもアドバイスを求める。製品のアドバイスを人にたずねるという女性の傾向は、時間が足りないことと、信用できる第三者を重視することの結果だ。

女性はいいヒントやアドバイスを求めて、たえずアンテナを張っている。そして信用できる相手が興味のある製品の調査をしてくれれば、とても喜ぶ。近所の人がいい工事の業者をすすめてくれるのでも、雑誌の編集者がベストテンのリストをつくってくれるのでも、フェイスブックの友人が新しいバンドのファンになるのでもかまわない。

信用できる第三者情報は、女性にとっては非常に強力なものだ。マーケティング情報のあふれる環境にいるからという理由だけでなく、女の子は小さなころから、やたら自慢するのは女性文化ではひんしゅくを買うと学ぶからである。むしろほかのだれかに、かわりに自慢してもらったほうがいい。これは人だけでなく品物にもあてはまる。女性はほかのだれかに、あなたの会社の製品がいかにすばらしいかを語ってもらいたいのだ。『コンシューマー・レポート』がこれほど長く続いているのも、最近のTripAdvisor.comやEpinions.comといったウェブサイト、アマゾンやiTunesやCNETの「おすすめ」が成功しているのもおなじ理屈だろう。

世界最大のPR会社エデルマンが毎年世界規模でおこなっている信頼性調査によると、企業について最も信頼に足る情報源は「自分とおなじような人」だという。逆に最も信用できない情報源とされたのは、企業もしくは製品の広告だった。

この情報と、女性文化のもつ他の二つの側面——製品についての知識は一種の社会的通貨であること、女性は新しい発見を友だちに話さずにいられないこと——を考え合わせれば、女性にとって信用できる意見の価値がこれほど高い理由はすぐにわかるだろう。

そうした点をふまえると、女性にあなたの会社の製品やサービスを知らせるうえで、PR（広報活動）がとくに効果的な方法だとわかる。信用できる第三者、つまり外部の人たちがあなたの会社についていいことをいってくれたときのPRの力はたいへんなもので、女性の心をつかむためのじつにすばらしいマーケティング手段となる。顧客が信用している人や状況下で、あなたのブランドが口に出されるだけでも、かなりの影響力があるのだ。だからこそ世界中のだれもが、オプラ・ウィンフリー・ショーで本を推薦してもらいたがるし、エレン・デジェネラス・ショーに製品を送ろうとする。

ただし問題は、いくら専門家や影響力のある人たちから「第三者による推薦」をとりつけようと夢みても、会社の側に必要な手段を講じる覚悟ができていないことだ。無料のPRというものは、実はめったにない。影響力のあるジャーナリストや有名ブロガー、セレブ、プロデューサーのもとに製品やサービスを届けるだけでも、労力や根回しのためのコストがかなりかかる。つまりPRは無料だという認識は誤りなのだが、いまだに根強く残っているのだ。

PRへの支出がなかなか認められないもうひとつの理由は、保証がないということだ。たとえば、ある製品をオプラのプロデューサーに送ることはできても、そのプロデューサー本人との関係が築けていなければ、オプラ自身がその製品を扱ってくれる保証はない。へたをすると見てももらえないかもしれない。ほとんどのPR活動におなじことがいえる。だがメディアなどとあらかじめ関係を築くことにエネルギーや手段を投入すれば、かなりの見返りが得られるだろう。あなたの会社のターゲットに影響力をもつ人たち、とくに多くの女性たちがまさに「自分とおなじような人」だと感じるブロガーたちに働きかけるのもいい方法だ。

女性ブロガーを通じてメッセージを広める

女性ブロガーへの働きかけは、ここ数年で爆発的に重要性を増しつつあるPR戦略の一環だ。その理由はおよそ三六〇〇万とおり——週に一度以上、ブログの世界《ブロゴスフィア》に参加する女性たちとおなじ数だけある。たいへんな数の女性たちだ。私はいつもみんなに聞かれる。いったいどんな人たちなの？　どんなことを書いていて、だれが読んでいるの？

女性ブロガーのほとんどは、年齢は二九歳から四四歳までで、かなりの割合が母親というライフステージにある。こうしたいわゆるママブロガーたちは、自分の暮らしについて書き、赤ちゃんや幼い子どもでいっぱいの家庭を切り盛りすることがいかにたいへんかを書く。そしておなじような立場にあるほかの母親たちとの連帯を求める。

「ブログは家の庭先のようなものです」とジョリー・デ・ジャルダンはいう。彼女はサンフランシスコ近郊に拠点をおくBlogHerの共同創設者で、一二七〇〇人以上の女性ブロガーを擁するネットワークを運営している。平日の昼間に郊外の住宅地をドライブしてみれば、彼女のいう意味がわかるだろう。

多くの通りはがらんとして静かだ。ほとんどの女性が外に出て働いているなかで、家にいて子育てをすることを選んだ女性はぽつねんと孤独な気分でいる。ブログは彼女たちが「お隣さん」と出会う手段なのだ。それは通り三つおいた家の女性かもしれないし、遠い外国の女性かもしれない。家の外で働いている女性も孤立感をおぼえることはあるし、仕事と子育ての両立の問題を抱えて悩んでいるかもしれない。こうした女性たちがブログを掲示板として使い、おなじ母親としての身の上話をしたり、アドバイスを求めたりするのだ。

ブロガーたちは当人の実際の暮らしぶりを書くので、その意見はまっとうなもの、つまり信用できるものとされ、読者に対して影響力をおよぼす。彼女たちは日々の生活、たとえば学校の参観授業に行った、新しいおむつのブランドを試してみた、お気に入りのオンラインストアで買い物をしたといったことを書く。そしてしばしば自分の気持ちや、精神的な安定を保つことのむずかしさについて語ったりする。母親たちは非常に有力な消費者であるため、マーケティング担当者はこうしたママブロガーたちに近づこうとする。

BlogHerに足を踏み入れてみよう。ここは女性たちのブログに広告を載せようとしている各企業にとって情報センターのようなものだ。ほかのメディアがスペースを売るのとおなじように、BlogHerは会員のブログのスペースを売る。自分のブログの「第一面」になんらかの広告が載ることを了承すれば、ブロガーはいくばくかの掲載料を受け取れる。従来の広告が買われるのとほぼ同じ感覚で、代理店はこの新しい伝達手段を買っている。

ＰＲの点から見ると、企業の対ブロガー戦略は深化している。ブロガーとの親善プログラムに力を入れる企業がどんどん増えているのだ。Ｐ＆Ｇやディズニーなどの大手は、ママブロガーたちを招待して幹部と引き合わせ、製品のことを話し合ったり、施設を案内したり、フィードバックを求めたりして、ブロガーたちが自社ブランドによい印象をもって帰ってくれることを期待する。

本社への「見学ツアー」はごく一般的になりつつある。こうした全費用負担のブロガーツアーをおこなう企業のほとんどは、ブロガーたちが自分の経験をブログに書いてくれるよう求めたりはしない。そんなことをしたら逆効果だ。それでも、ブロガーたちがポジティブな話を書いてくれる見込みは高いし、また実際そのとおりでもある。彼らは、こうした企業イベントの写真を撮って公開し、幹部とのインタビューについて論じ、進行中のイベントをツイッターで直接伝え、自分が受けた女王さまのような扱いを絶賛する。外で働いていない女性たちにとって、無料の見学ツアーはとてもありがたい気分転換だし、有名企業のえらい人たちに尊重してもらえるチャンスでもある。企業の側はその見返りに、「まっとうで信用できる」かたちで一般の顧客たちに自分たちのブランドを評価してもらうのだ。

企業間の取引をおこなう会社にとって、産業ブロガー、とりわけ技術系のブロガーは、きわめて大きな影響力をもつ。ソーシャルメディア・ストラテジストのアダム・ショコラは上海を拠点に、エデルマン・ディジタルという会社の依頼でブロガーたちの調査をおこなっている。その彼は、どうすれば産業ブロガーを動かせるかという点で実用的なアドバイスをしてくれる。「問題は、どれだけ多くの人間にオンラインで語りかけるかではなく、だれに語りかけるかです」とショコラはいう。「一〇〇人の人が何百万人もに影響をおよぼすかもしれない。だとしたら、その一〇〇人に照準を当てるのが効率的な戦略でしょう」。アメリカの場合、とくに人気の高いブロガーを見きわめるには、アレクサやテクノラティといったランキングサービスを利用する。こうしたサービスでは、とくに訪問者の多いサイトのリストを教えてくれる。

ブロガーに働きかける最良の方法は、そのエントリーをある程度の期間じっくり読み、いざ働きかけるときには、何がいちばん相手の関心をひくか、何をいちばん読みたがるかを考慮することだ。企業がジャーナリストに働きかけるときと変わらない。その相手の専門、過去に書いた話、関心のある話題などを知っておく必要がある。

ベビー製品メーカーのグラコという会社が始めた自社ブログでは、社員がみずからの子育て経験を書いている。グラコの企業ブログはほかの何十ものママブログとリンクしていて、会社主催で全国のブロガーたちが直接顔を合わせられるオフ会も開いている。

今後五年間の動向で興味深いのは、ブロガーたちがもっと広告や製品紹介や企業からの贈り物を受け入れはじめたら、彼らの信用度が低下しはしないかということだ。信頼性の高いブロガーたちの推薦を得ようとしている人たち、つまりマーケット担当者がいろいろ努力したために、かえって彼らの信用性を損なってしまうとすれば、ずいぶん皮肉な話だ。実際にアメリカ連邦取引委員会は、ブロガーがある製品やブランドを推奨するにあたって、企業から無料で提供されたものや報酬などを公開するよう規制をかけるべきかどうか検討している。

製品を差別化できない場合はどうするか

人が仕事で売ろうとする製品は、実はライバル社の製品と似たり寄ったりのことが多い。画期的な製品というのは、ごくまれにしか出てこない。だからこそ効果的なマーケティングが必要になる。では、女性たちに他社でなくあなたの会社の製品を買わせるだけの説得力ある理由を考え出すには、いったいどうすればいいのか？

もっとまずいことに、女性たちにあなたの会社の製品を選ばせるだけの強力な理由がないと気づいたときには、どうすればいいのか？　これはめずらしいことではない。たいていの製品は、どこの会社のものでも非常にすぐれている。でなければ生き残っていけない。

私の見るところ、この問題の解答はたったひとつ。ほかのどのライバル社よりもよいカスタマーサービスを提供することだ。

マーケティングを扱った章で、こんなふうにカスタマーサービスの話をするのは、実のところカスタマーサービスとマーケティングはワンセットだからだ。カスタマーサービスとマーケティングがおなじでないのは、企業のオフィス内だけ。この二つの部署は隔たった場所にあることがあまりに多い。つまり、双方の担当者たちが定期的に交流をしたり、一緒に働いたりすることがなさすぎるのだ。

掲示板からテレビCM、オンライン広告、ユーチューブの映像にいたるまで、マーケティングのエネルギーの大半は最前線での攻撃に費やされる。しかし顧客を獲得したあとのことも、それに勝るともおとらないくらい大切だ。よいカスタマーサービスはいまだにまれで、調査によると、六一パーセントの人たちが「ほとんどの場合、私のことや何に困っているかをあまり気にかけてくれない」と感じている。一部の業界はとくにひどい。「ケーブルテレビに何か問題が起こると、会社に電話する気力を奮い起こすだけで一日かかるの」と四五歳のテレサがいう。「最低一時間はみなくちゃならないし、そのあと頭にきて落ちこむのもわかってるから。あの人たちと話すと思うだけで、その日一日がだいなしになってしまうのよ」

私たちはみんな、はてしなく続くマーケティングのメッセージにさらされている。だから何かを買うときには、期待がぐんと高まる。なのにアフターサービスのことはしばしば忘れ去られている。魚を釣り上げてしまえば、甘いささやきは終わり、ロマンスは死ぬ。ウェブを見れば、あらゆる業界を通じて、ひどいカスタマーサービスの話や怒りの声にはこと欠かない。あなたにもいいたいことのひとつや二つはおありかと思う。さんざん口説かれたあとで、ひどいカスタマーサービスをつきつけられたら、多くの人たちは、自分にサービスしてくれるはずの会社を嫌うようになるだろう。ほかにもたくさん選択肢があるのだから、みんなあえてひどいサービスに耐えようとは考えない。

しかしカスタマーサービスが重要だとすれば、これが差別化の大きなチャンスにもなるということだ。この章の残りでは、最も効果的にカスタマーサービスをおこなうにはどうすればいいかをみていこう。

なぜ女性にとってカスタマーサービスが大事なのか

調査会社のヤンケロヴィッチは最近、カスタマーサービスについての調査をおこない、過去五年間にカスタマーサービスはよくなったと思うかどうかをたずねた。結果を見ると、男女で差があった。悪化したと感じているのが、男性では三三パーセント、女性では四四パーセント。総じて女性はひどいカスタマーサービスへの耐性が低い。理由のひとつは、女性は家庭内のものを買う役割をまかされているので、カスタマーサービスとやりとりをする機会が非常に多いということ。そしてこのやりとりは必然的に、あまり楽しくない経験になりやすい。

二つめの理由は、時間がむだになることだ。電話口で長時間待たされたり、効率の悪いメニューを選ばされたりするのはストレスがかかる。

三つめに（これはあまりよく知られていない理由だが）、女性は人がどう扱われるべきかという明確な意見をもっている。女性の文化と、女性の脳の独特な性質にもとづく特徴だ。

小さな子どもどうしが交流を始めると、母親は公平さについて教えようとする。きょうだいや友だちとものを分け合うようになさい、「〜してください」「ありがとう」といいなさいなどと何百ぺんも言い聞かせる。みんないたるところにアンテナを張って、ちょっとした不正を見つけようとする。自分の子どもにそうしたことが起こったとき、気づくのは母親の務めだからだ。女の子は小さなころから、やさしくていねいに、穏やかに振る舞うよう教えられ、大人の女性は親切で公平な、弱者の味方であることを期待される。だから、女性がろくでもないカスタマーサービスを経験する立場になったら……そう、その怒りほど恐ろしいものはない。

精神科医で脳科学の研究者であるダニエル・エイメン博士も同意する。「女性は、物事はこうあるべきだという期待をもっている。そして自分が公平に扱われていないと感じると、腹を立てる。腹を立てると、その思いが頭のなかをぐるぐる駆けめぐる。そんなふうにイライラしている時間は、男性よりも長いだろう。女性の脳の前面部、つまり悩みの部位がフル回転しているのだ」

カスタマーサービスを自動化するリスク

どうやら企業の財務担当者たちは、インドかどこかに安上がりな二四時間体制のコールセンターを置いて、カスタマーサービスを自動化したり音声認識システムを使ったりするのが正しいことだと思っているらしい。そのことが顧客満足度におよぼす影響についてはわかっていない。自動化そのものはたしかに悪いことではないが、顧客が自動化を歓迎するのは、それによって便利になるときだけだ。かえって不便になるのでは話にならない。

カスタマーサービスのコールセンターは、消費者の怒りをかきたてる導火線だ。電話の用件を伝えるのに五種類のメニューから選ぶしかなく、またそのどれもが当てはまらないとなれば、苛立ちは増すばかりだろう。さらに悪いのは、本物の人間と話をするのには別途料金がかかることだ。調査によれば、いまでも大多数の人たちが、さまざまな場面で生身の人間と話がしたいと感じている。たとえば技術サポートを受けたり、株の売り買いをしたり、食料品店で支払いをしたり、飛行機の搭乗手続きをしたり、銀行口座に預金したりといった多くの場面だ。客側の技術的な対応力は非常にまちまちなので、質の高い自動化と、実際の人間と話すという選択肢の両方があるのが望ましい。

女性は男性よりもよく言葉を使うし、どんな会話でも細部にまで関心を向けるという側面は、カスタマーコールの手順やスクリプトに反映させられるだろう。また、多くの女性が昼休みに用事をすませるという事実も、カスタマーサービス要員のスケジュールをどう調整するかという点に関連してくる。

どの会社も、カスタマーサービスの基準の新たな見直しを考えたほうがいい。とくにマーケティングとの関連は重要だろう。この二つの部署が協調して働かなくてはいけないのはわかっていながら、その時間がほとんどないのが現状だ。マーケティングの前線でどんなに意識が高くても、後方でどんどん消費者が離れていくのでは意味がない。

インターネットは顧客の期待感を増しているが、その一方で、サービスが悪いといわれる危険性も高くなる。そういうことを触れまわるのが、人間の性質だからだ。ある四つ星ホテルのマネージャーがこんなことをいっていた。「トリップアドバイザーのようなクチコミのウェブサイトは、非常にホテル泣かせなのです」

「何を」いうかだけではなく、「どんなふうに」いうかが大切

昔ながらの皮肉な事実がある。最も親密なかたちで——カスタマーコールセンターで一対一の応答を通じて——ブランドの現場をまかされている人たちは、社内でいちばん給料が安く、敬

意も払われていないということだ。中間管理職とは働く場所も離れているし、きっとおなじパーティに出ることもない。だがEメールがカスタマーサービスの手段として一般的になりつつある現在、ちゃんとした文法の知識を備えた、教育程度の高い人たちを雇用することが重要になっている。

さらに口にされにくい根本的な問題は、カスタマーサービスの海外発注だ。市場調査会社のオピニオン・リサーチは、カスタマーサービスに影響をおよぼす「痛いポイント」についての調査を定期的におこなっている。最新の調査での「痛いポイント」の第一位は、「係員のアクセントがきつくていってることが聞きとれない」だ。このデータは、別の調査会社ヤンケロヴィッチの調査でも裏づけられている。こちらでは、四八パーセントの人たちが、企業がコストを抑えるためにコールセンターを海外に移していることに腹を立てていた。

言葉の問題のあるなしに関係なく、こうしたやり方は反感を生み出す。顧客に対して、「あなたがわが社の製品にいくらお金を使おうと、われわれはあなたをできるだけ安上がりに扱うつもりです」といっているようなものだからだ。いろいろな企業がたえまのないマーケティングメッセージで私たちを追いかけまわすのに、いざこちらから連絡をとろうとすると話したがらなかったり、できるだけ安上がりにすませようとするのでは、顧客が侮辱されたと感じても仕方ないだろう。

愛のあるカスタマーサービスの実例

航空業界随一の収益をあげている会社が、業界一のカスタマーサービスをおこなっている会社だというのは、皮肉なことではないだろうか？　一九八七年の創業以来、サウスウエスト航空はアメリカで最も利用客からの苦情が少ない航空会社でありつづけている。

同社のカスタマーサービスに電話をすると、すぐに担当者が出る。カスタマーサービス部門を海外に出したりせず、担当者は複雑な問題を電話口で処理する権限を与えられている。しかも彼らは親切なだけでなくユーモアがある。それでこちらもなごんでしまう。

思うに、無邪気に女装をしたり、訴訟の決着を腕相撲でつけようとしたりする創業者（ハーブ・ケラハー）がいれば、その社内文化はカスタマーサービスにまで浸透するのだろう。「従業員を雇うときは、人間性で選びます」。サウスウエストの顧客関係管理部門を統括しているジム・ラペルはいう。「従業員が良識をもち、的確な判断を下せるようトレーニングする。そして自分が楽しむように、お客さまにも楽しんでいただくようにといっています」

サウスウエストに乗ってみれば、客室乗務員にもおなじ哲学がいきわたっていることがわかるだろう。みんな機内アナウンスのあいだに歌を歌い、ナッツを配るときにもジョークを飛ばすことで知られている。同社はまた、収益率、定時運行率、安全率でも業界第一位だ。そしてコールセンターには、同社の「権限はあるけれど、力まずに」の文化を教えこまれた従業員が配置されている。「カスタマーサービスを海外に置くことはしません。サウスウエストの従業員ほど、お客さまをきちんと扱える人間はほかにいないという哲学があるのです」とラペルはいう。

従業員たちもきちんと扱われている。同社は、ほとんどのカスタマーサービスのセンターが抱える、従業員の高い離職率に悩まされることがない。ラペルはその理由を、従業員たちが自分の判断で顧客との問題を解決する権限を与えられているからだと説明する。「基本的に彼らがもっている権限は、私とおなじものです。品質管理の手順はありますが、一人ひとりにお客さまへのベストな対応を決めるチャンスを与えています。そのために、仕事への満足度がほんの少し高くなっているのでしょう。彼らがこの職場を離れるのは、たいていサウスウエストの別の部署に異動するときですが、みんなとても歓迎されます。彼らはみずから進んで決断を下そうとしますから」

あるサウスウエスト航空の顧客から話を聞いた。メリッサというセントルイス在住の女性で、ふたりの子どもの母親だ。メリッサにとって人生最悪の一日となったその日、サウスウエストは彼女に対して模範的なカスタマーサービスをおこなった。これがその一部始終だ。

私はよく娘ふたりと一緒にサウスウエストに乗ります。娘のメガンがまだ小さかったころのことですが、セントルイス行きの便に乗っている途中でメガンが発作を起こしたんで

す。それまで一度もそんなことなかったのに、すごい勢いでがたがた震えて、何をしてもまるで反応がなくて。私はひとりで怯えきってました。飛行機はとうもろこし畑の上空で着陸できる場所はないし。あと三〇分でセントルイスというところだったので、空港に着くのを待つしかありませんでした。でも、サウスウエストのフライトアテンダントは、信じられないほどすばらしかったわ。「この子はちゃんと呼吸をしてます、きっとだいじょうぶ」といいながら、私をなだめてくれました。そして九一一に電話して、ゲートのところに救急隊を待機させ、うちの両親を空港に呼び入れる手はずもつけてくれたんです。何度もメガンを抱いて、私には何がどうなってるかを全部伝えて、ずっとそばについていてくれました。

着陸すると、もちろん真っ先におろしてくれました。ゲートのところには救急隊員が待っていて。娘を見るなり、発熱による発作だということでした。体温が急に上がったために起こる発作で、後遺症が残ることはないって。でもこの話はまだ終わりじゃありません。サウスウエストはフライトアテンダントだけじゃなく、会社そのものがすばらしかったんです。

あの日の出発前、メガンはゲートのところで会った女の子と仲よくなりました。メガンが飛行機で発作を起こしているあいだ、その女の子は近くの席からずっと見ていました。目をまん丸にして、きっと新しいお友だちが死んでしまうんじゃないかと怖がってたでしょう。それでしばらくあとに、サウスウエストに手紙を書いて、あのときのお礼と、メガンが元気になったことを伝え、あの女の子のことが心配だとも書いたんです。怖がって飛行機に乗れなくなってしまうのじゃないかって。女の子の名前は聞いてましたけど、ラストネームまでは知らなかったので、サウスウエストのほうで見つけて、お友だちは元気になったと知らせてくれたらいいなと思っていました。

そしたらまもなく、サウスウエストから返事があったんです。その女の子の身元がたしかにわかった、かわりに会社から家族に手紙を送っておいたって。その手紙のコピーも同封されてました。私宛には、メガンが元気になってほんとうによかったと書いてあって、プレゼントの飛行機のおもちゃも添えてありました。あの会社の人たちはほんとにすばらしい対応をしてくれました。あれから選べるかぎり、かならずサウスウエストに乗るようにしてます。すばらしいサービスの話も、思い出せないほど何度も人に話してきました。

サウスウエスト航空のカスタマーサービスは、その企業文化だけでなくマーケティングの姿勢も映している。群を抜く収益率を誇る同社の例は、心から顧客を気にかければビジネスもうまくいくという事実を示すものだ。

あなたの会社のための教訓

サウスウエスト航空による教訓は以下のとおりだ。

●カスタマーサービスの姿勢は、あなたのブランドを映す鏡である。

いまのカスタマーサービスがあなたのブランドを支えられていないとすれば、それはブランドの価値を傷つけるだけでなく、マーケティング予算の実効性も減らす結果になるだろう。

●消費者にとって、カスタマーサービスはマーケティングのもうひとつの側面である。

人はCMや広告にブランドの個性を見てとると、あなたの社に連絡をとるときにもおなじものを期待する。いちど自分で、自社に電話するかEメールを送って、マーケティングとカスタマーサービスの応対にギャップがないかどうかたしかめよう。

●すばらしいカスタマーサービスは、クチコミをうながす。

女性はあるブランドに接したときにすばらしい体験をすると、知り合いみんなにその話をする傾向がある。共有化の進んだ世界では、あなたの会社の差別化を強力に進めてくれる要因だ。

カスタマーサービスとはマーケティングである

この章も終わりに近づいたところで、もう一度いっておきたい。カスタマーサービスは、とりわけ女性にとっては、マーケティングそのものということだ。今後チームを組んでマーケティング戦略を練るときには、前線だけでなく後方にも気をくばったほうがいい。あなたが顧客をつかまえたあとで起こることは、マーケティングというプロセスの一部なのだ。

［女性にアピールするカスタマーサービスのチェックリスト］

□カスタマーサービスで連絡を受ける手段は、できるだけさまざまなものを提供する。

□カスタマーサービスで顧客に質問をするときには、男女の差を考慮する。また既存のトレーニングの方法や手順が、コミュニケーションスタイルの男女差にちゃんと適応できているかどうか確認する。

□社のウェブサイトに、カスタマーサービスの番号をよく目立つように載せる。

□通話のあいだに顧客がゼロを押せば、いつでも係員につながるようにする。

□顧客からのあらゆる質問に、自動化された五つのメニューだけで対応できると思ってはいけない。メニューの項目を増やし、「その他」のカテゴリーもふくめること。

□顧客からの再度の電話には、前とおなじ係員が対応することを許可し、未解決の問題で電話するたびにおなじ話をくりかえさずにすむようにする。

□外国のコールセンターからの照会を許可し、担当者が質問してきた顧客にコールバックできるようにする。

□お得意客にはCEOからのあいさつ状を送り、日ごろの感謝の気持ちを伝えるようにする。
□とくに重要な顧客たちを調べて、専用の特別なカスタマーケアやプログラムを提供する。
□コールセンターのトレーニングとスクリプトを柔軟なものにして、係員がある程度自由に質問したり答えたりすること、その場で判断を下すことを許可し、管理者に相談するあいだ顧客を待たせることのないようにする。
□人間を介した応対に手数料をとってはいけない。

6章

最後の一歩

販売の現場に必要なもの

それまで何度広告を見たとしても、また事前にインターネットでいくら調べたとしても、モノを買うかどうかの最終的な決断は、販売の現場で下されることが多い。女性がその品物の前に立っているときや販売員の話を聞いているときに、しばしば最後の詰めを誤って商売がふいになる――女性と男性とではセールスに期待するものが違っているという理由で。

この違いを理解できるかどうかが、あなたの会社の決算に大きな影響をおよぼす。何を売るのでも、その相手の性別によって、あなたのセールストークの受けとめられ方はまったく違ってくる。あなたが現場の販売員ではないとしても、だれもが何かを売っていることに変わりはない。

販売には、三つのシチュエーションがある。対面、店舗、オンラインだ。この章では三つとも扱うが、まずは最も古典的なセールスのテクニック――対面販売から始めよう。

ほとんどのセールストレーニング・プログラムは、性別というものを考慮していない。セールスのコーチや講師は、買い手が男性か女性かという単純な問題を見逃しているし、その要素が購入のプロセスにどんな影響をおよぼすかも考えていない。これはじつに重大な見落としだ。セールスとはせんじつめればコミュニケーションの一形態だし、男女のスタイルの差が最もはっきり出るのはコミュニケーションなのだから。

私はセールストレーニングのセミナーで、売り上げを増やすために、どうすれば女性に気持ちよく買ってもらえるかを教えている。大きくまとめれば、以下の原則に従うということだ。

対面販売で押さえるべきポイント

女性は製品におとらず、販売員を評価する

覚えておくべき原則の第一は、女性は取引をする前に、販売員が「いい人」かどうか見きわめようとすることだ。自動車や電化製品、家具などの高額商品、金融商品などを買うときには、とくにその傾向が強い。値段が高いほど、信用できそうな相手から買おうとするのだ。そして検討中は、買ったあとで起こりうる最悪のシナリオを頭のなかで早送りし、そうなったときにこの販売員が当てになるかどうかを想像しようとする。ほかのすべての条件がおなじなら、女性は「この人からなら買ってもいい」と思える相手から買うだろう。女性はよいサービスと、そこから生まれる安心感のためなら、進んでお金を払おうとする。だがセールスのときにいやな経験をすると、どんなにその製品がほしくても、買う気がうせてしまいかねない。

「以前、家電の店に行ったの。そうしたら販売員の男の人が、私を案内して通路を歩いていくあいだに自分のことを話しはじめたのよ」とケイティがいった。テキサス州在住の五〇代の女性だが、彼女はこのとき新しい冷蔵庫を買う必要があった。

「あなたの仕事は何かって聞くから、不動産業だって答えたの。そしたらね、ただ会話を続けようとしてるんだってことはわかるんだけど、自分も昔は不動産をやってたがぜんぜん儲からなか

った、いまはこの店で働いてて、樽のなかの魚を釣るみたいに儲かるとか、ひとりでべらべらしゃべってるの。私はずっと考えてたわ、〝この人、こんなふうに話せば私が感心するとでも思ってるのかしら〟って。

それで売り場に着くと、私にどんな品がほしいのか聞きもせずに、ただ冷蔵庫のドアをつぎつぎ開けたり閉めたりしながら性能や値段のことを話すだけなのよ。何分かたったとき、スピーカーでその人の名前が呼ばれて、電話に出なきゃいけないとかいって離れていったの。私はこれ幸いと早足で出口に向かいながら、仲間の店員にこう声をかけたわ、〝あの人にいっといて、今度の魚は逃げちゃったわよって〟」

この話は、男性と女性でコミュニケーションスタイルが違っていることを示す好例だ。男性の文化なら、有能さを示そうとするはったりや断定は効果があるかもしれないが、女性には不快感を与えかねない。女性のコミュニケーションスタイルの基準を学ぶことは販売員の義務だ。でないと、理由もわからないまま見込客が逃げていくことになる。

女性はそこにいない人たちのニーズを考える

女性は買い物をするとき、その品を買うことで自分の周囲の大切な人たちにどんな影響があるかをたえず考えている。購入のときの意思決定者が自分ひとりだとしても、友人や家族、同僚たちのニーズや意見をふと考えてしまうのだ。だから接客中は、その場にいない人の影響力にも注意することが重要になる。

この製品を使う人や、なんらかのかたちで関わってくる人がほかにいるかどうか聞いてみるといい。そうすれば、口にされなかった障壁が浮かび上がるかもしれない。こうした人たちは、女性の頭のなかにあるブロードウェイのキャストだと考えればいい。彼女の舞台にはほかにどんな人物が登場するのか、それを見つけるのはあなたの務めだ。

「この前、家族で使う車を買ったとき、私も夫もSUVがほしかったんですけど、結局ドアの内側にハンドルのついたのにしました。私の年とった母が楽に乗り降りできるように」と、三〇代で三人の子どもの母親のジルはいった。「SUVには、乗るときの段差がとても高いのがあるんです。うちの母はアイオワにいて、年に三、四回訪ねていくだけなんですけど、やっぱり母が支障なく乗り降りできるのが大事だと思って」。高齢のお母さんは、新車選びについてきたわけではないが、ジルの意思決定プロセスに目に見えない力として関わっていたのだ。

女性は製品のスペックよりも実用性に興味がある

前の章で触れたように、女性は仕組みよりも実用性のほうに強い関心をもつ。「この冷凍冷蔵庫は八五〇リットルの容量があります」というより、「この冷凍冷蔵庫には一六枚のピザが入ります」といったほうが効果的だ。リットルなどの容量の単位は、ほとんどの人にとって意味がない。企業間取引などで使われる専門的な言葉もおなじだ。そういったものは忘れ、なるべく実用的な言葉を使って、具体的な話をおりまぜるほうがいい。

私が以前、オールステート保険へ自動車保険の値段を調べにいったときのことだ。販売員は、いきなり掛け金だの免責金額だの損害賠償といったややこしい話を始めるかわりに、どのようなサービスが受けられるかを具体的に説明しながら、こんな話をしてみせた。「感謝祭の日に、雪に降りこめられたところを想像してください。ご家族が夕食にやってくるというのに、あなたは道路の脇から動けない。オールステートのプランなら、そんなときも迅速確実にお家までお送りします」。こんなイメージしやすい説明をしてもらえれば、保険の用語であれこれ話されるよりずっと効果がある。細かい話は後回しにして、まずセールスの始めにお客のイマジネーションをつかむことが、いちばん大事なポイントだ。

値段についての説明はこちらから切り出す

値段の交渉のときの姿勢は、文化に大きく左右される。世界の多くの場所では、女性はモノを値切る能力にプライドをかけているし、買い手にも売り手にも、値段の交渉は楽しい娯楽だ。ところが欧米では事情が違い、交渉による買い物はとうの昔に姿を消している（イーベイだけは例外だが）。欧米の女性は小さなうちから、人前でお金の話をするのははしたないと教え込まれるので、女性客は値段の話をするのを気詰まりに感じる。だから売る側はできるかぎり、その品にどうしてその値段がついているのかを具体的に伝えることだ。そして相手が選びやすいように、よいもの、よりよいもの、最善のものをわかりやすく説明しよう。

選択肢がしぼられると助かる

一般的にいえば、あまりたくさんの商品を見せるよりは、選択肢をしぼったほうがいい。時間は女性には大切なものなので、あなたがその時間を節約できれば評価される。たいていの女性は、たくさんの人が買っている品はどれか、あなたが客の立場ならどれを買うかといったことを知りたがる。あなたの会社の製品についても、そうした質問に答えられるようにしておくことだ。

ある会社の女性重役であるエイミーが、自分用と夫用、そして一一歳になる息子用の携帯電話を買いに、ベライゾンの店に行ったときのことを話してくれた。

「店に入ったら、壁いっぱいに携帯電話が並んでて、それだけで気が重くなっちゃったわ。このなかからどうやって選べっていうのって。

でもラッキーなことに、すばらしい女性販売員がいて、うまくガイドしてくれたの。まず、私はおっちょこちょいですぐに電話を落としてしまうんだけどっていうと、店でいちばん丈夫な機種を二つ出してきて選ばせてくれた。それから一一歳の息子用には、ズボンのポケットに楽におさまってロック機能がついたものを見せてくれて。そのあと夫がＰＤＡを使ったことがないんだっていうと、初心者にぴったりの扱いやすいブラックベリーを出してくれたの。あの販売員がうまく機種をしぼってくれたおかげで、とても楽しい経験だったわ」。そう、女性にものを売るときには、選択肢が少ないほうがいい場合もあるのだ。

女性が「考えてみるわ」というとき、その言葉にうそはない

女性客の口から「ちょっと考えさせて」という言葉が出たとき、なんのフォローもせずにすませる販売員の多さには驚かされてしまう。このコメントは「興味ない」という意味だと思われることが多いが、それは誤解だ。

女性は正しい買い物をしなくちゃと、自分にプレッシャーをかける。それでいったん家に帰り、周囲の人たちに相談する。当の製品や会社のことを調べようとする。あるいはあなたのそばから離れ、プレッシャーを受けない場所で、買うかどうかじっくり考えたいのかもしれない。そのときにフォローの電話を入れれば、おそらく感謝されるだろう。女性は自分との取引を重視してくれる相手から買いたがる。売ったあとでさらにフォローの電話を入れるのは、あなたの姿勢を示す最もかんたんで効果的な方法だ。

女性は自分との取引がどう評価されているかを知りたがる

女性に何かを売ったあとは、感謝の気持ちを表すことが大切だ。本人にあてた礼状を送るのでも、次回の買い物の割引券や無料のサンプル品を渡すのでもいい。自分ががんばって稼いだお金を使うとき、女性はその種の扱いを期待する。そしてきちんと扱えば、女性はよい評判を広めて

くれる。

私が秋にダイアンフォンファステンバーグを買ったときは、八カ月後に誕生日カードが届いた。そこには「プレゼント」として五〇ドルのギフトカードが同封されていた。その瞬間、すでに好きだったブランドがさらに大好きになったのはいうまでもない。もちろんすぐに店まで出かけていって、新しいドレスを買った。そしていまもこうしてあなたにお話ししている。女性がすばらしい買い物の体験をしたらどんなことが起こるか、おわかりいただけただろうか？

「買うわ」といわせるテクニック

女性客から「買うわ」の一言を引き出すには、まず相手の話に耳をかたむけ、惜しみなく質問をすることだ。かんたんなようだが、話を聞くというスキルはだれもがもっているわけではない。女性たちは、そのチャンスさえあれば、あなたが商品を売るのに必要なヒントをすべて教えてくれるだろう。

ダラス在住の女性、ステイシーの話を例にとってみよう。近所に新しくできたヴェラブラッドリーのハンドバッグ店に、お礼用のプレゼントを買いにいったときのことだ。

——ヴェラブラッドリーの店に行くのは初めてだったけど、店に入ると、どこかの家のリビングみたいな内装で、すごく気に入ったわ。店長が近づいてきたので、お礼用のプレゼントがほしいって説明すると、彼女は、予算はどのくらいかって聞くかわりに、プレゼントをする理由を聞いてきたの。どういうお礼かわかれば、ちょうど適当なものを選ぶお手伝いができるからって。いままでプレゼントを買ったことは何度もあるけど、そんな質問をされたことは一度もなかったわ。

それでこう答えたの。実は会ったことはないんだけど、私が飛行機の座席に置き忘れた大事なファイルを届けてくれた人なんだって。そのファイルはほんとに大切なものでね――うちの父が亡くなって私が遺言執行者になったんだけど、父の重要な書類がぜんぶそこに入っていたの。小切手帳や銀行口座の記録や遺言状なんかが。すると店長は、そんな大事なものを届けてくれた女性には特別なプレゼントをあげるべきですねっていったわ。

店長のアドバイスですてきなトートバッグを選んだあと、彼女はそのなかにちょっとした景品をいくつも詰めていったの。「こうしておけば、開けたときにつぎつぎ思いがけない発見があるでしょう」って。しかもヴェラブラッドリーはギフト用のラッピングと配送は無料だし、サービスでプレゼントにカードも添えられるのよ。ふつうだとプレゼントを買っても仕事は半分終わっただけでしょう。それが店を出たときにはすべて終わってたの。信じられなかったわ。

ヴェラブラッドリーの店長は、なぜ品物を買うのかという理由に耳をかたむけ、女性が喜ぶような手助けをすることで、またひとりこのブランドのファンをつくりだしたのだ。

話をよく聞くこと以外にも、女性客相手のセールスの成否を左右するテクニックはたくさんある。

●目を合わせる。

あなたがほかの人を接客しているあいだに、女性が待っていることに気づいたら、その女性と目を合わせてこちらが気づいていることを伝えよう。でないと、彼女は静かに怒りつづけることになる。

●相手に話させる。

女性は自分の番がくるまで話すのを待つように、人の話に口をはさまないようにと教えられて育っている。男性の文化では、自分の主張を通すために口をはさみあっても問題ないとされるが、女性相手では論外だ。

販売員は往々にして、自分の知識を示すためにノンストップで話しつづけ、女性客に話すきっかけを与えない。すると女性は、口をはさむより、家電店のケイティのように、ただ出ていってしまうだろう。

商品の説明やセールストークをするときは、ひと呼吸おいて、相手に思っていることを口にするきっかけを与えよう。少しのあいだ言葉を控えれば、女性は沈黙を埋めようとして、最終的には本音を話してくれるだろう。

●上から目線にならないように説明する。

説明不足か、説明しすぎか、という判断はむずかしい。だったら、どの程度の説明がいいかを買い手に決めさせればいい。「あなたがもうご存じのことを私が話していたら、そうおっしゃってください」というか、ただ単純に「このサービスについてくわしくお聞きになりたいですか？」とたずねればいいのだ。そうすれば説明してほしい点や、いちばん気になっている点を教えてくれるだろう。

●相手のいったことをくりかえす。

女性は何も知らないと思われるのがいやで、あまり質問をしたがらないことがある。その場合は、相手のいったことをくりかえすかたちで問い返すのがいい。「いまうかがったお話によりますと、中級品くらいのものをお探しということですね？」。そうだという反応があれば、その製品やサービスについて細かく具体的な話に入る許可が出たということだ。このテクニックは、あなたが相手の話をちゃんと聞いていることを示すという意味もあり、女性にはたいてい好印象を与える。

●いちばんの気がかりをつきとめる。

相手を侮辱したり気分を害したりしたくないと思うせいか、女性は商品の気がかりな点をなかなか口に出そうとしない。あなたから直接たずねてみれば、本音を話してくれるだろう。私もある業者選定のプレゼンテーションに出たとき、相手からこう聞かれた。「わが社を選んでいただくうえで、いちばんご心配な点はなんでしょうか?」。私はそのあけすけな質問に啞然としたけれど、思わず正直に、実際に仕事を一緒にするのは、この部屋にいる上級職の人たちではないのじゃないかと口にした。それで向こうにも、そんなことはないと請け合えるチャンスができ、私は納得してその業者と契約したのだった。

●あなたはブランドの鏡である。

女性は売り手のあらゆる点に――あなたのデスクの散らかり具合から、あなたのシャツの染みにまで――目をとめる。ほとんどの女性にとっては、清潔さイコール有能さだ。あなた自身に、あなたの顧客に、そしてあなたの仕事に敬意を払うこと。

●ほかの人たちにもやさしく。

女性は、あなたが会社の同僚やサービススタッフにどう接しているかにも注意を払う。またあなたの会社の評判もチェックしている。企業間取引の場合、この点は大きな意味合いをもってくる。このルールは大きなもの（あなたの会社が社会的大義をどのように支援しているか）から小さなもの（あなたが部下にどんな口調で話しているか）まですべてにあてはまる。女性客をランチに連れていくときは、その店の店員にも感じよく接すること。あなたは見られている。

●思い込みは厳禁。

女性に夫がいると決めてかかってはいけない。子どもがいると決めてかかってはいけない。意思決定者でないと決めてかかってはいけない。何ごとも思い込みは厳禁だ。女性にはモノを買う権限がある。たとえ自分で給料を稼いでいなくても、それなりの影響力をもつ立場にいる。これは若い女性の場合、とくに気をつけたほうがいい。いまの若い女性には、以前では考えられないほど自由に使える収入があるし、過去の世代の女性がおなじ年齢だったころよりも大きな責任を負っている。

●できれば子どもにもサービスを。

子どもが楽しそうに何かに熱中していれば、母親はあなたとの会話に注意を向けられる。子どもたちが悲惨な状態だったら、母親もおなじ状態になる。おもちゃやビデオ、ぬり絵などを使って、何かしら「子ども向けの要素」を組み入れ、親があなたの商品に集中できるようにしよう。

●ほめ言葉を使う。

女性はたえずおたがいにほめあっている。セールスの現場でも、女性の判断や趣味のよさ、質問の鋭さをほめよう。女性の販売員なら、女性客の容姿をほめることは、フェアかどうかはともかく許容範囲だ。しかし男性販売員には危険な領域なので、避けたほうがいい。

●あなた自身の弱みを見せる。

購入するかどうかの判断がむずかしそうなときには、そのことを受け入れよう。たとえば、「私も初めて自分でハードディスクを買ったときのことを覚えています——何から始めればいいかわかりませんでしたよ」などといえば、親身になってくれていると感じさせられる。この種の肯定はきわめて重要な役割をはたす。

●カップル客のときは、男性のほうを立てる。

女性はほかの人たちの前では連れ合いの男性を立てようと気を使う。とくに女性のほうが男性より稼ぎが多いときに、その傾向が強い。あきらかに女性が意思決定者だという場合でも、その夫あるいはパートナーをのけ者気分にさせず、商談に加わらせるようにすることが大切だ。

●うなずきを「イエス」ととらないように。

女性と男性では、うなずくときの理由が違っている。男性は同意を示すためにうなずくが、女性はちゃんと聞いているということを示すためにうなずく。つまり女性がうなずくのは「ええ、わかってるわ、続けてちょうだい」という意味であって、「ええ、この商談をまとめてもいいわ」といっているわけではない。こちらはきっかけを待つことを心がけ、あまり性急に話をまとめようとしてはいけない。強引すぎると思われ、手をひかれてしまう恐れがある。

●情緒面でリードし、締めくくりは合理的に。

これはぜいたく品にはとくにあてはまる。大きな買い物をするとき、女性は男性よりも正当化に役立つ材料をほしがる。その決断への理由づけを手伝って、女性が自分自身のものにお金を使うことに後ろめたさを感じないですむようにしてあげよう。買い物に罪悪感を感じるのがおもに女性なのは、男性は必要性にもとづいて製品を買うことが多いのに対し、女性は欲求にもとづいて買うことが多いからだろう。

●サービスとメンテナンスの方針を話す。

こうした情報をおざなりにすませてはいけない。さっきも触れたように、女性は最悪のシナリオを頭のなかで早送りし、まずいことになった場合にどんな選択肢があるかを知りたがるからだ。信用と安心が、ライバルに勝るための武器となる。

●あなたの会社のことを友だちや同僚に話す気になる理由を提供しよう。

女性はすばらしい情報源になってくれる。友だちを紹介すれば製品やサービスが割引になるような手段を考えよう。少なくとも、おなじものをほしがっていそうな人を知らないかとたずねてみることだ。もし女性が気に入りさえすれば、あなたの成功のために手をかしてくれるだろう。

レクサスが女性をひきつける理由

私たちの意識には、ろくでもない自動車販売員のステレオタイプが深く染みついているので、とくに女性には、車の購入はいまだに悪いセールス体験の見本のように見られている。しかし、この業界にも明るい光がないわけではない。トヨタのブランド、レクサスはそのひとつだ。レクサスの購入客の半分強が女性で、このブランドはアメリカに紹介されて以来、高級車のなかで最高の顧客維持率を保っている。レクサスのオーナーの六〇パーセントが、車を買い換えるときレクサスの新車を購入しているのだ。

三台続けてレクサスに乗っているという六五歳のビジネスウーマン、ルイーズから話を聞いてみた。どうしてそこまでこの車が好きなのかとたずねると、「三〇分、時間ある?」といわれた。話が長くなるというのだ。彼女を始め、私がインタビューしたレクサスのオーナーたちの愛着ぶりはじつに印象深かった。ただ、くわしく話を聞いているうちに、この女性たちはただ車について話しているのではないということがわかってきた――みんなレクサスとの関係について話していたのだ。

「女性をレクサスにひきつけているのは、自動車そのものではないと思います」とナンシー・フェインはいう。トヨタのカスタマーリレーションズ担当副社長のフェインは、何年も前からレクサスブランドを扱ってきた。「おなじくらい魅力的な競合車種はたくさんありますから。女性にとっていちばんの問題は、販売時の経験からカスタマーサービスにいたるサービス全般なのです」。女性たちの求める経験を提供するという点で、レクサスは群を抜いている。

セールスの舞台を整える

レクサスはセールスにうってつけの舞台を整えている。すぐれた販売テクニックとは、すばらしい演劇のようなもので、適切な小道具、適切な台本、適切な舞台が必要になる。女性にお金を使ってもいいという心境になってもらうには――とくに車一台で五万ドル以上するような場合は

——気持ちのよい環境を用意することが大切だ。レクサスは、ディーラーの快適さが女性によるブランド体験を大きく左右することを理解し、各店の環境に高い基準をもうけた。

レクサスのディーラーには、デザイナーズ家具、やわらかな照明、高級ホテルのロビーを思わせるような設備が備わっている。上等なコーヒー、薄型テレビ、高級な焼き菓子なども、顧客にずっといたいと感じさせるような雰囲気をかもしだす。シカゴにあるマクグラスという特約店では、店の真ん中に本物のりっぱなカフェがある。私が通りかかったときは、一〇人あまりの客がくつろいで熱いコーヒーをすすっていた。

女性は高価なものを買うとき、商談のあいだずっとロマンティックな気分でいたいと思う。もちろん、男女の恋愛とは関係ない。女性をわくわくさせ、これから買うものへの期待をかきたてる雰囲気のことだ。多くの人にとって、新車の購入は人生で最も胸躍る瞬間にちがいない。なのに、ほとんどのディーラーはそのことがわかっていない。これほどもったいない話はない。

女性目線をクリアする販売プロセス

レクサスでのセールス体験を、私も実地にたしかめてみた。シカゴにある広々とした特約代理店マクグラスを「覆面調査」に訪れ、一般の女性とおなじように、そのプロセスのあらゆる面を観察したのだ。自社のセールス環境での女性の反応を調べたことがないという方は、ぜひやってみるべきだ。具体的に何をするか、ご紹介しよう。

まず販売員が自己紹介をした瞬間から、私はその男性が信用できる相手かどうか評価しようとした。最初の手がかりは言葉遣いだ。口調はていねいか、文法はちゃんとしているか？　どちらもイエス。こちらに敬意を払っているか？　やはりイエス。私が女ひとりでディーラーへやってきたことにも、彼はなにひとつ触れなかった。私を上から下まで見おろしもしなかった。私のライフスタイルに関してあらゆる適切な質問をし、私が車のどんな点を重視しているかを聞き出した。

それからふたりで売場のほうへ行くあいだ、私は同僚たちの反応をチェックした。彼が同僚から敬意を払われる有能なスタッフかどうか、同僚たちの表情や身振りから手がかりを得ようとした。同時に、ほかの販売員たちが何をしているかもチェックした――てきぱきと忙しくしているか、ひまそうにおしゃべりをしているか？　前のお客の悪口をいったりしていないか？　みんないかにもプロらしく見え、通り過ぎる私ににっこり笑いかけて会釈をしてくれた。さらに私は、販売員の部屋にあるメモや紙切れにも目を走らせた。

これだけのチェックにかかったのがたった三分。彼は見事に合格だった。さらに彼はさりげなく、車をお買いになったら、当店での洗車は無料ですし、週に一度、洗車のあいだに療法士からマッサージも受けられます、といった。その「マッサージ」という言葉を聞いただけで、私は血圧がいくらか（心のガードも一緒に）下がったように感じ、レクサスへの温かくほんわかした気分がわいてきた。レクサスのオーナーになるのは、ただ車をもつだけでなく、ある種のライフスタイルの仲間入りをすることなのだと感じはじめていた。

セールスの達人

販売の舞台を整えるのが、パート1。実際に製品を売るのがパート2だ。レクサスでは、製品の知識から顧客への対応まであらゆる面で、販売員のトレーニングの到達度に応じた認定書を出している。販売員は全員、顧客満足度で評価され、その評価と認定書が最高レベルに達すると、「公認の達人」という称号がもらえる。そしてこのレベルに達した販売員は、会社の補助を得てレクサスをリースできる。こうした特典によって、経験豊富な最高の人材を確保しつづけているのだ。

三台続けてレクサスのオーナーであるルイーズは、このシステムがうまくいっていることの生きた証拠だ。「これまで三台とも、おなじ販売員から買っているの」と彼女はいう。「彼は自分もレクサスに乗っているので、よく車を知っているわ。でもいちばんいいのは、車を買うときのあのばかげた駆け引きをせずにすむということ。時間もむだにならない。私の場合、レクサスを買うのが、いちばんストレスがかからないのよ」。ルイーズはブランドだけでなく、特定の販売員にも忠実である。その販売員は彼女にとって、ブランドの一部というだけでなく、車そのものの一部なのだ。

レクサスで私を迎えた販売員は、顧客に対するエチケットの点でたしかに訓練を積んでいた。

これは女性客にモノを売るときには大切なことだ。「女性はマナーにはうるさいですね」とアネット・シコラはいう。テキサス州でディーラーを二店舗経営するかたわら、全国自動車販売協会の会長も務めている女性だ。「〝お願いします〟とか〝ありがとうございます〟とか〝かしこまりました〟といわれるのが好きなんです。男性客はあまり気にしませんけど」

私を接客した販売員は、セールストークも、第三者が評価するレクサスの信用度をうまく活用して、じつに説得力があった。彼の机の上には、J・D・パワー&アソシエイツの調査報告書を綴じたバインダーや、『ビジネス・ウィーク』『フィナンシャル・タイムズ』などあらゆるメディアに載った、レクサスの性能を賞賛する記事のスクラップが置かれていた。彼の姿勢は、「私の言葉を鵜呑みにしないで――こうしたりっぱな出版物に書いてあることを見てください」というものだった。これは、とくに高額商品をすすめるときに、安心感を与える効果的なテクニックだ。

かゆいところに手の届くサービス

レクサスはセールスの舞台を整えたうえで、販売員を訓練し、押しは強くないが効果的な交渉をおこなわせる。その戦略の最後の仕上げは、すぐれたアフターサービスを提供することだ。レクサスは商談の成立を、顧客との関係の終わりではなく、始まりと考える。レクサスが提供するのは、無料の二四時間ロードサイドアシスタンス、さまざまな保証、車の点検や修理時の無料代車サービス。そして新しいオーナーがブルートゥースをインストールする、シートやラジオの自動設定を変更するといった、面倒ではあっても必要な作業のサポートだ。

なかでもロードサイドアシスタンス・プログラムは、同ブランドの提供するサービスの目玉といっていい。全米自動車協会もこのプログラムを支援しているが、レクサスのディーラーは援助要請の六五パーセントに応えている。「援助要請があったときには、まず最初に応えるチャンスをディーラーに与えています。そしてほとんどのディーラーは通常の営業時間中に、自分の顧客からの要請を処理しているのです」とトヨタのナンシー・フェインはいう。要請を受けたディーラーは、自分のところのトラックに技術者をひとりつけて出動させる。道路の向こうからブランドの名前の入ったトラックが救助に駆けつけてくれれば、顧客にとってそのディーラーはちょっとした英雄となるだろう。

女性たちがレクサスとの関係を、車との関係を超えたものとして語るのには、こうした理由もある。安全は女性にとって最も重要な要素だ。夜に車が故障し、道端にひとりでいるときほど恐ろしいものはないし、子どもと一緒に取り残されようものなら最悪だ。この種のアフターサービスが女性をレクサスにひきつけるというのは、じつにうなずける。「レクサスは信頼できる車ですが、加えてかゆいところに手の届くサービスがあります」とフェインはいう。「だれかが見守ってくれている、そう感じさせるのです。男性ももちろん気に入るでしょう」

レクサスには、「すべてのお客様をわが家にお招きしたゲストのように扱う」という誓約がある。そしてどのディーラーもこの方針に従っている。「レクサスの誓約は強力な理想として、組織のなかで共有されています」とフェイン。「だれでも建物は建てられる。トレーニングプログラムをつくることもできる。人のしていることを真似ることもできる。でも、どんなふうにやっているかは真似できません」

あなたの会社のための教訓

レクサスに学べることはつぎのとおり。

●成功のための舞台を整える。

女性はモノを買う前、とくにこれから高額のお金を使うというときには、心地よい気分でいなくてはならない。そのために、店舗の装飾や照明をどのように工夫するか。販売員をどのように訓練し、長く居着かせるか。ドアを入ってきた瞬間から、どのようにお客をもてなすか。こうした要素は、女性ならかならず気がつく全体的な雰囲気の一部だ。

●顧客のいちばんの心配ごとに取り組み、弱みを競争上の強みに変える。

レクサスは安全が心配という女性たちの声に応え、新車もしくは認定中古車すべてに二四時間ロードサイドアシスタンス・プログラムを適用している。もちろん安全な車をつくってはいるが、さらに一歩進んでこういうのだ。「当社の車で最悪のシナリオが起こったとしても、私たちがその場に向かいます」。あなた自身の業界を見てみよう。あなたの会社の顧客にとって最悪のシナリオとはなんだろう？　どうすればその問題に効率的に取り組めるか？　どのように直接対処することで、弱みを強みに変えられるか？　サービス保証や保証プログラムはおこなっていても、そのなかに秘められたマーケティングの価値は手つかずのままではないだろうか。それを活用する方法を見つけよう。

●すばらしいセールス体験も、製品以上のものにはならない。

レクサスのサービスは女性たちの賞賛を集めるけれど、車そのものが高品質でなければなんの意味もない。どんな業界でも、すばらしい販売テクニックが製品のひどさを埋め合わせるということはない。

店舗環境のすばらしさで売る

オンラインショッピングが広く普及したため、現実の店舗は二つの方向への発展を強いられている。ひとつは、オンラインでは得られない人間味や、五感による体験を提供するということ。もうひとつは、店の効率をよくし、好きなときにさっと入ってさっと出ていけるように感じさせること。要するに、バーチャルな世界では手に入れられない、特別なものを提供することがポイントだ。私はそれを最高のかたちで実現している会社を探しにいき、そこに女の子たちの楽園を見つけた。

店がひとつの街に――アメリカン・ガール

アメリカン・ガールの店舗は、小売業の鑑といえる。健全なキャラクターや体験がめいっぱい詰めこまれていて、私が行ったシカゴの店舗は、女の子たちとお母さん、お祖母ちゃんでごった返していた。女性が三代にわたって結びつく、幸せな大混乱の場所だ。店の前には中西部じゅうから集まってきた人たちの行列ができている。小売業界の用語でいえば、アメリカン・ガールは「目的のある《デスティネーション》」ショッピング体験だ。

インターネットやテレビ、ビデオ画面の前で過ごす時間が増えるにつれ、以前のように市場やショップでほかの人たちと直接触れ合う時間は少なくなっている。アメリカン・ガールのような店が爆発的な人気を博しているのは、平板で孤独なオンラインショッピングの反動だろう。そこにこそ、次世代の小売業が生き残っていくカギが隠れているのではないか。

アメリカン・ガールで売られているのは、基本的には人形だ。しかしこの店は、人形遊びのさまざまな要素を体験へとつくりかえてもいる。たとえば店のなかには美容院があって、人形の髪の毛を自分とおなじスタイルにしてもらおうとする女の子でいっぱいだ。美容院とおなじ廊下の奥には人形の病院があり、超一流の「ナース」と「ドクター」のチームが人形の傷を直し、全体のクリーニングから「大手術」まであらゆる手入れをおこなっている。

また、スミソニアン協会顔負けの職人技を駆使したミニジオラマもあり、アメリカン・ガールのファミリーに属する人形たちの架空の暮らしや歴史的背景が描かれている。人形の一人ひとりが、アメリカの歴史上のさまざまな時期にもとづいたテーマをもっている。たとえばアディは、南北戦争中に育ったアフリカ系アメリカ人だ。ジュリアは一九七〇年代の女の子で、ベルボトムのジーンズをはき、両親の離婚問題に悩んでいる。キット・キットリッジは大恐慌時代のジャーナリストの卵だ。どの人形にも、勇気と知恵の詰まったそれぞれのライフストーリーがあって、コンパクトな一冊の本にまとめられている。アメリカン・ガールはそうした本も売り出していて、いまやその売り上げはアメリカで出版される子ども向け書籍のトップを占めるようになった。

この旅の記憶を永遠にとどめるために、写真スタジオもある。そこで人形と一緒に撮った写真は、たった一五分で『アメリカン・ガール』という本物の雑誌の表紙になり、そのまま家に持って帰れる。そしてあくなき買い物欲をひとまず満足させたあとには、本物のウェイターやウェイトレスのいるビストロがあり、子どもや母親たちに本物の料理を出す。人形も特別製の補助椅子にすわってテーブルにつく。人形用のメニューもある。

人形の値段は？　ほぼ一〇〇ドル。昼食の値段は？　ひとりほぼ二〇ドル。写真の値段は？ほぼ三〇ドル。母と娘の心の結びつきは？　プライスレス。

アメリカン・ガールは新しい発想の小売店であり、オンラインの世界には不可能なことができるという強力な実例だ。うまく考えられた小売店は、鮮明な、五感で感じるショッピング体験を提供する。買い物客にいつまでも消えない楽しい記憶を残し、また何度でも足を運びたいと感じさせる。いまのところ、こんな条件を満たしている小売店はほとんどないけれど、オンラインショップとの競争や、アメリカン・ガールのような店の出現で、状況が変わる可能性はある。業界が生き残るためには、女性がリピーターになってもいいと思う小売環境をつくりだすこと、そのさまざまな要因を検証することが重要だろう。

女性にやさしい小売店の原則

調査によると、買い物客がポジティブな感情を抱ける体験をつくりだすことが、消費支出の増加につながるという。なのにほとんどのカテゴリーで、顧客たちはポジティブな体験を提供されていない。女性がずっと店にとどまり、ショッピングを楽しみ、もっと商品を買うようになるための方策を、以下にまとめてみた。

●手助けがすぐに得られるようにする。

オンラインの世界では、探しているものが見つからなければ、すぐにほかのサイトへ行ったり、別のリンクをクリックしたりする。どちらにしろ、ネットでは満足感が早く得られることが多い。そのことは私たちの感じ方の基準を変化させた。つまり、女性が店のなかで助けを求めてさまよう五分は、五時間にも感じられるということだ。広告会社サーチ&サーチXのクリス・グレイは、こういう言い方をしている。「女性の買い物客のことを考えれば、店員のいない小売店は危ないポジションにあるといえるでしょう」

●女性は買い物をするとき、一石二鳥を狙おうとする。

女性はマルチタスクの発想から、効率性を最優先しようとして、用事をまとめてすませる傾向がある。そのために、もともと買い物リストにない商品でも手に取りやすい。その場で買ってしまえば、またあらためて出てくる手間がはぶけるからだ（あるいはそう自分にいい聞かせる）。それに女性は、自分の頭のなかの「ブロードウェイのキャスト」、つまり家族や友人たちによさそうなものはないかといつもアンテナを張っている。

少しむずかしい言葉を使うなら、女性の買い物の仕方は全体論的《ホーリスティック》だということだ。製品をジオラマのように配置している小売店といえば、ナイキタウンとイケアがすぐれた実例だろう。女性は衣服と部屋とが組み合わされたところを見るのが好きなのだが、この二つの会社は個人的な要素を大きなパッケージに組み入れて見せるのに長けている。

●子ども連れでは、女性の買い物体験はまったく変わる。

子どもやベビーカー、ベビーキャリアーとともに買い物をしにくる女性の数は、これまでになく増えている。この現実に、あなたの店舗はどのように対応できるだろうか？　入口にある家族用トイレ（家族で買い物を始める前に用足しをすませる）、子どもも一緒に入れる試着室（ドアがちゃんと下までついていて、子どもが逃げ出せないような部屋）、ベビーカーを押して通れる広い通路……。おもに女性客に頼っている小売店にとって、子どもは無視できない存在となっている。なのに、試着室に持ち込める服の枚数を制限する方針をとっているところがいまだに多いのはおかしな話だ。みんな時間に追われているから、試着室と売り場を何度も往復したくはない。違うサイズがほしいというとき、どこにも手伝いがいないのではなおさらだ。

●女性は連れに不都合があると、買い物をやめてしまう。

疲れた買い物客や同伴でやってきた人のための椅子——こんなちょっとしたものにも、ほとんどの小売業者はお金をかけていない。椅子や雑誌といったかんたんなものを備えつけるだけのことが、一時間で買い物が打ち切られるか、半日店にいてくれるかの分かれ目になる。私の家の近くのノードストロームは、女性服売場の試着室の外に娯楽コーナーをつくっている。女性が服を試着しているあいだ、連れは大きなソファにくつろいで映画を見ていられるのだ。

小売環境のなかで、女性のためになるもののヒントを見つける方法はいくらでもある。鏡はいたるところに必要で、とくにバッグや靴売り場では大事だ。スツールに載せた小さな鏡では間に合わない。そう、女性はハンドバッグを「試着する」にも鏡がいるのだ。必要なのはほんとうに理解しようとする気持ちだけだし、答えは現に目の前にある。

ルルレモン・アスレティカ——「小売店でない小売店」

ルルレモンは私の好きな店のひとつだ。世界で最も急速に成長した、ヨガを中心とするスポーツウェアの会社で、カナダ、アメリカ、オーストラリアにおよそ一〇〇店舗を展開している。二〇〇八年に『ビジネス・ウィーク』は、「急成長を遂げた会社トップ五〇」の第二位にルルレモンをあげた。本社はカナダのバンクーバーにあり、創業者はサーファーからヨガ教師に転じた人物だが、この会社のビジョンはスポーツウェアの店とは思えないほど大胆なものだ——「この平凡な世界を、すばらしい世界に高めよう」。こうしたビジョンは、美しく技術的にもすぐれたスポーツウェアだけでなく、小売の形態にも表れている。クレディスイスのシニアアナリスト、ポール・ルジューによれば、「現在の小売業界で最高のサクセスストーリー」だ。

ヨガが好きでなくても、ルルレモンを好きになることはできる。私だって、犬のポーズと猫のポーズの区別もつかないけれど、この店の魅力には抵抗できない。ルルレモンの大きな特徴は、地元コミュニティに密着する方針をとっていることだ。そして地元への配慮とともに、ルルレモンがターゲットとしている相手はだれか？　もうおわかりだろう。

「女性は未来の顧客というだけではない。現在そのものです」。ルルレモンの創業者兼会長、チップ・ウィルソンはいう。サーフィンやスケート、スノーボードの会社をつくったあとで、ルルレモンを興したこの起業家は、ルルレモンにかけるみずからのビジョンをこう説明する。「アメリカのたいていの小売店は、私には安っぽいまがいもののように見えました。私はまったくの未経験から小売を始めたので、自分で工夫しなくてはならなかった。自分が客ならどんな店がいいだろうと考えたんです。チェーン店でありながらチェーン店でないようにするには、どうすればいいのかと」

その答えは、いまあるルルレモンの店に入ってみればわかる。以下のものが見つかるだろう。

●壁いっぱいに飾られた地元の人たちの写真。

どの店に行っても写真がいっぱい飾ってあり、地元のヨガ教師やアスリート、ランナー、ダンサーたちが街の周辺の写真映えのする場所でポーズをとった姿が写っている。試着室の横には掲示板があり、地元のヨガ教室の情報や、ルルレモンの「大使《アンバサダー》」である地元インストラクターたちの紹介、そしてその店の従業員たちの名前やプロフィールが貼り出してある。アンバサダーの存在は、この会社の小売戦略のカギだ。ルルレモンは新店舗をオープンする前に、何カ月もかけて地元のヨガスタジオや影響力のあるインストラクターたちに働きかけ、彼らに衣料を提供する見返りに着心地やデザインなどのフィードバックを得る。結果的に、影響力のあるヨガ関係者たちがルルレモンを着るようになり、そうした姿が街中で見かけられたり、店の壁に貼られた写真に登場することになる。

●販売員はアスリート。

ルルレモンは、彼らの言葉を借りるなら、「仕事以外の生活をもっている」アスリートやヨガ教師たちを雇い入れる。マーケティングに予算をかけるかわりに（ルルレモンは従来のようなマスマーケット広告は打たないし、どんなセールの広告もしない）、従業員のトレーニングにお金を注ぎこむのだ。「私は引き寄せの法則を信じています」とウィルソンはいう。「すばらしい人たちを取りこめれば、それがまたほかのすばらしい人たちを引きつけ、自然とビジネスがうまく回っていくんです」

●お客様を名前で呼ぶ。

どの試着室にもドアの外にホワイトボードがあり、販売員がそこにあなたの名前を書きこめるようになっている。そして試着しているあいだに、だれかがあなたの名前を呼んで、お手伝いはいりませんかと声をかける。これはシンプルだが効果的なテクニックだ。

●店のビジョンを売りこむ。

ルルレモンは店の壁の目立つ場所に、自社のマニフェストを掲げている――「踊り、歌い、フロスし、旅をしよう」「人生をどう見るかは、あなたが自分をどれだけ好きでいるかの反映です」などといった言葉だ。このマニフェストはルルレモンのバッグ類にもあしらわれて、とても評判を呼び、『ニューヨーク・タイムズ』の一面にまでファッション・トレンドとして紹介された。

●買った商品をその場で、無料で仕立てなおす。

こうしたサービスは、女性用のマスマーケット衣料業界ではきわめてめずらしいだけでなく、スポーツウェア業界でもめったに聞かれない。

●顧客からのフィードバックを求め、目立つところに貼り出す。

ルルレモンのフィット感やサイズについての感想を聞かせてください、と書かれた黒板がある。顧客が自分の考えを公に書きこむよう求められているのだ。

●毎週末、無料のヨガ教室が開かれている。

教室はふつう店内で開かれ、無料でだれでも参加できる。ヨガのすばらしさを可能なかぎり多くの人に紹介するのが自分たちの務めだと、ルルレモンはうたっている。

同社の重役のひとり、エリック・ピーターセンは、ルルレモンでの買い物体験をこんなふうにまとめている。「私たちは人々のコミュニティそのものを大切にします。われわれがおこなっているのは、きわめてシンプルかつ素朴であるために、ほかのだれもが見落としていること、ほんとうに単純なことです。情熱にあふれた人たちを雇い、彼らや、お客さまたちのいうことに耳をかたむける。とぎれることなく会話を続ける。そういうことなのです」

あなたの会社のための教訓

ルルレモンに学べることはつぎのとおり。

●従業員は最大の広告になる。
ルルレモンはマスマーケット広告をおこなったことがないにもかかわらず、最も急成長を遂げた会社といわれている。これは人材と製品づくりにお金をかけているからだ。
●地元に影響力のある人々を口説くのは効果的。
ルルレモンはある地域に店を開く前に有力なヨガ教師やアスリートたちとの関係を築く。その人たちが、開店の話を広め、第三者の評価としてその製品が信用できると伝えてくれる。
●個別化は、お金をかけなくても、ハイテクを使わなくてもできる。
試着室のドアにただホワイトボードを取り付けるだけで、お客様の名前で声をかけられる。店のなかで、そんなふうに手をかしてもらえるのは思いがけないことだし、「自分の」お店で買い物をするのは気分がいいと感じさせる。

網《ウェブ》にからまらないために――オンラインで女性をひきつけるには

アメリカのＥコマース市場は、二〇一二年には一八〇〇億ドルに達するといわれている。それを考えれば、女性がオンラインで楽しく買い物できることの意味は大きい。

女性のオンラインでの振る舞いは、オフラインでの振る舞いをなぞることが多い。ＰＣを見ながらウィンドウショッピングをして、友だちとおしゃべりし、同好の人たちに意見を聞き、楽しく便利なショッピング体験を求めるのだ。

また用事をまとめてすませようとする女性たちは、オンラインショッピングをマルチタスクの重要なツールと見ているし、幼い子どものいる母親はとくにその便利さにひかれている。オンラインショッピングの利点は、一〇年前にはだれも想像もできなかったほどの域に達している。

オンラインで女性にアピールするときには、大事な点がいくつかある。たとえば、いまでもまだ、インターネットで商品を買うのは、店で買うよりもリスクが高いと見られている。クレジットカードの情報がちゃんと守られるか心配する人はおおぜいいるし、その傾向はとくに女性に強い。あなたの店があまり有名でないとしたら、金融情報保護ポリシーを知らせることはとても重要だ。

調査によると、オンラインで買い物をする人から寄せられる苦情の第一位は、送られてきた品の見た目がネットで見たときと違うというものだ。かんたんに返品できるとしても、不便なことに変わりはない。そういうときには、商品のズーム機能が大切になる。Sears.comでは、買い手が身長、体重、個人の特徴――写真もＯＫ――を入力することで、当人のアニメーションのモデルをオンライン上につくりだし、服を試着できる。インテリアのページでもおなじ機能が利用でき、買い物客はクリック＆ペーストするだけで、いろいろな部屋に家具を置いたり色を塗ったりできる。これはじつにすばらしい、予想を上回るサービスだ。

苦情の第二位は、購入時の疑問や心配ごとを担当者に直接、相談できないというものだ。ウェブサイトのなかには電話番号の表示が非常にわかりにくいものもあるが、そんな貧弱なカスタマーサービスではお話にならない。ノードストロームのように、あなたのホームページの目立つ場所に置いておこう。

女性にやさしいEコマースのサイト

女性がオンラインの買い物に求めるものは、オフラインの世界のときと変わらないが、ただしずっと便利であることが期待される。インターネットでこれを実現するための方法を、以下に紹介しよう。

●女性はクラブやメンバーシップに入会し、いち早く新製品やディスカウント情報について聞くのが好き。

人気情報サイトのデイリー・キャンディを見れば、女性にメッセージを送るときに必要なものがわかる。このサイトのコピーやデザインなどさまざまな工夫が、女性たちにいつも、私は特別な何かに触れていると感じさせるのだ。

●女性は、何か品物を選んだとき、その品を補完するようなウェブサイトが好き。

これはどんなカテゴリーにもあてはまる、信じられないほど効果的な手段だ。アマゾンの目玉である「おすすめ」は、あらゆるカテゴリーで女性に役立つツールとなっている。この章で見てきたように、女性は全体論的《ホーリスティック》に考えるし、また一石二鳥が好きなので、時間が節約できて実のあるショッピングを可能にする「おすすめ」を評価するだろう。

●女性はほかの人たちが買っているものを知りたがる。

女性のファッションのトレンドは、男性のよりもずっと早く変化する。何がトレンディで人気があるかを、賢いやり方で示してみせよう。たとえば、「ターゲット」のサイトがときどき使う「ベストセラー」という見出しは、「ほかのみんなが買っているのはこれ」という意味だ。どんなカテゴリーでも、女性はホットな品、人気のある品を知りたがる。

●プレゼントを買いやすいのは重宝する。

女性がオンラインでプレゼントを買うのが好きなのは、自分のものを買うよりずっとハードルが低いのと、配送してもらえるのがありがたいからだ。あなたのウェブサイトも、女性がだれかへのプレゼントを探せるように、年齢や性別に応じたギフトをわかりやすい言葉で明示しよう。Starbucks.comでは賢いことをやっている。スターバックスのギフトカードに、オリジナルのメッセージを入れられるのだ。この一工夫で、どこにでもあるギフトカードを、かんたんにプライベートなものにすることができる。

●女性はすっきりしたウェブ環境が好き。

ごちゃごちゃしたウェブサイトからは、女性はすぐに出ていってしまう。サイト内にキーワード検索のエンジンを組みこんでおくのは不可欠だ。女性はあらゆるものに目をとめるので、あまり多すぎると情報過多になり、見捨てられてしまう。

●返品ポリシーが成否を分ける。

多くの女性たちは、商品を買うにも十分な時間がなく、まして返品に手間はかけられない。だからZappos.comのように、返品ポリシーの寛大なサイトが成功する。PR担当重役のレスリーいわく、「返品するのに、わざわざ郵便局に行ったり返送料を払わなきゃいけないのは、私だっていやよ」

●売れたあともコミュニケーションを。

注文があったら、すぐに確認の番号を返信する。Eメールのアドレスに、すみやかに注文確認書を送る。商品が発送されたことを知らせる。商品が届いたあと、対応全般がどうだったかたずねる。これだけの段階をふめば、女性たちは安心して、もう一度貴重なクレジットや口座の情報をオンラインで送ってもいいという気持ちになるだろう。

●タイムサービスで売り上げアップ。

女性はオンラインであちこちのサイトを渡り歩く。ウィンドウショッピングの女性たちを買い手に変えるために、オフラインの世界でのタイムサービスとおなじものを提供しよう。

●「友人に知らせる」の機能を活用しよう。

女性は口コミの偉大な担い手だ。そしてこれまで何度も触れてきたように、女性は周囲の人たちに必要なものをいつも考えている。その女性が何を買ったか、またどんなセールがおこなわれているかを、Eメールで友だちに知らせられるようにすれば、世界はぐっと広がるだろう。

デイリー・キャンディのCEO、ダニー・レヴィーはいう。「ただシンプルに短く、こういえばいいこともあるんです、〝ほら、これを見て――すてきでしょ！〟と」。この発想に立って彼女が女性向けに築きあげたビジネスは、二〇〇八年、コムキャストに一億二五〇〇万ドルで売却された。

7章

未来は女性である

知識をビジネスに活用するために

ここまで見てきたように、女性たちは脳の構造、ホルモン濃度、生物学的役割などの共通項によって結ばれている。もちろん文化的な条件は大きくものをいうし、高齢女性と十代の女の子をひとくくりにすることもできない。普遍的な女性の特性を、文化的条件やライフステージと組み合わせて活用することが、女性消費者への強力なアプローチとなる。

女性消費者の優位は、この先長期にわたって続く。女性の教育達成度、労働力参加、購入パターンの世界的傾向を見るかぎり、女性は二五年かそれ以上、消費者経済をリードしつづけると考えられる。この世界一有力な消費者たちを動かす重要な要因を学び、ぜひあなたのビジネスに生かしてほしい。

「私の学んだ最大の事実は、もしあなたが男性なら、男性としての自然な反応、あるいは男性優位とされてきた業界の人間としての反応に、フィルターをかける必要があるということです」。女性の顧客を長年かけて研究してきた、ライランド・ホームズのエリック・エルダーはいう。「つまり、従来のステレオタイプから見るのでなく、あなたのビジネスに女性がどのような位置を占めるかというたしかな事実にもとづいて見なくてはなりません。いつも同僚たちにいうのですが、私はただ女性に感じよく接するために女性を理解しようとしているわけではない。女性がお金を出してくれる存在だからこそ、理解しなくてはならないんです」

どのように始めるか

ここまでくれば、より女性に焦点をおいた組織づくりの重要性がおわかりいただけると思う。けれども、社内での改革を進めるためには、その動きにスタッフを参加させなくてはならない。以下に示したステップは、そのプロセスを始めるうえで役立つだろう。

あなたの組織の達成度を知る

まず、診断を下そう。二七四―二七五ページの表から、あなたの会社の「女性リテラシー」を判定してほしい。第1段階が最も低く、第4段階が最も高い。

女性リテラシーを高める10のステップ

あなたの会社がどの段階にあるか把握できたら、どこに力を入れるべきかがはっきりするだろう。私自身、女性リテラシーを高めることに着手したばかりの企業と一緒に仕事をしてきた。二七六ページ以降にまとめた一〇段階のプロセスは、現実に即した実用的なものだといえる。

事業の焦点	顧客ナレッジ	カスタマーサービス	セールストレーニング
第1段階	顧客の性差に関するデータがない。	カスタマーサービスへの問い合わせについて、性別に関するデータがない。	顧客の性差にもとづく販売員のトレーニング計画がない。
第2段階	顧客の性差について最低限の知識がある。	連絡してくるのはおもに女性だという感覚はあるが、その点に対処するプログラムがない。	顧客が男性か女性かによって販売方法が変わるという認識はある。
第3段階	男女の違いや、女性市場における自社の占有率が上がっているか下がっているかは、はっきり理解している。	カスタマーサービスへの問い合わせや顧客忠誠度に見られる男女差について、一貫してデータ収集をおこなっている。	顧客の性差に対応するための正式なトレーニング／教育がおこなわれている。
第4段階	女性優位の顧客ベースに応じた企業文化が培われている。	性差の力学に取り組む教育がコールセンターの係員に対しておこなわれている。カスタマーサービスでの体験がマーケティングのメッセージと調和している。	男女両方の従業員に、性のコミュニケーションスタイルに対応するための正式なセールストレーニングがおこなわれている。

あなたの会社の達成度を診断しよう

広告会社のクリエイティブ部門	製品開発／デザイン部門の管理職	マーケティングと販売部門の管理職
女性をターゲットとするクライアントのためのクリエイティブチームに女性の管理職がいない。ジェンダー教育にもとづくトレーニングがおこなわれていない。	製品開発／デザイン部門に女性の管理職がいない。人間工学のなかに女性工学がふくまれていない。	マーケティングと販売の部門に女性の管理職がいない。職場でのジェンダー教育がない。
女性をターゲットとするクライアントのためのクリエイティブチームに女性の中間管理職がいる。	製品開発／デザイン部門に女性の中間管理職がいる。女性工学が一部テストされている。	マーケティングと販売の部門に女性の中間管理職がいる。
女性をターゲットとするクライアントのためのクリエイティブチームに女性の上級管理職が最低ひとりいる。	製品開発／デザイン部門に女性の上級管理職がいる。女性工学のテストと、女性に関する詳細な調査がおこなわれている。	マーケティングと販売の部門に女性の上級管理職がいる。販売員に性差についての教育がおこなわれている。
女性をターゲットとするクライアントのためのクリエイティブチームに女性のディレクターがいる。スタッフに対してジェンダー教育がおこなわれている。	製品開発／デザイン部門に女性の経営幹部がいる。女性についての民族誌的調査プログラムがある。	マーケティングと販売の部門に女性の経営幹部がいる。販売員全員に性差についてのトレーニングがおこなわれている。

●ステップ①データを集める。

まず、論拠として統計を利用しよう。ビジネス上の最も重要な決定は、データにもとづいて下される。つまり何かを始めるときも、具体的な数字が最も信用されるということだ。あなたの業界で、女性がどのように製品を買っているかというデータを集め、あなたの会社の状況を判定する。あなたの会社の女性客の数が業界の平均より少なければ、その情報を根拠に調査をおこない、変革への第一歩を踏み出そう。これまで性別にもとづく顧客データを集めたことがないなら、いますぐ始めたほうがいい。

●ステップ②マーケティング・コミュニケーション調査をおこなう。

本書で示された原則を使って、あなたの会社の対消費者コミュニケーション（最も始めやすいところだ）を調査し、社のマーケティングが女性にアピールしているかどうか判定しよう。ウェブサイト、広告、ＰＲプログラム、マーケティング関連部門、インターネットでの顧客によるレビューやブログへの書き込み、ツイッターの投稿などを見直して、あなたの会社が女性客にどんなイメージをもたれているかを判断する。以下の短いチェックリストをガイドラインに使うといい。

□あなたの会社の製品やサービスのおかげで、ある女性の生活や大切な人たちの生活がよいものになったという、感情のこもったメッセージがある。

□素材やパッケージがスタイリッシュで、デザインにセンスがある。
□製品だけなく素材にも、関わった人のイメージがうかがえる。
□実用性、有用性といった利点を強調するメッセージがある。
□第三者による信用や推薦がある。
□社会的責任や大義がマーケティングメッセージにふくまれている。
□カスタマーサービスや保証のメッセージが目立つ場所に掲げられている。

こうした特性すべてを、ひとつのマーケティングや販促資料に反映させるというのは非現実的だが、このリストは、何が重要かを覚えておくうえで役立つ。

●ステップ③カスタマーサービス調査をおこなう。

このステップでは、あなたのブランドにカスタマーサービスが追いついているかどうかを判定する。まず、あなたの会社が、カスタマーサービスに寄せられる問い合わせを性別に従って追跡しているかどうか調べる。もしイエスなら、顧客のフィードバックに男女で重要な違いがあるかどうかを見る。もしノーなら、顧客ケアのチームと協力してそれが可能かどうかを検討する。それからスタッフたち、もしくは社外の力を借りて、自社の覆面調査をおこなう——たとえばフリーダイヤルに電話をする、Eメールで質問を送ってどう処理されるかを見る、ウェブサイトを訪れて顧客の意見を読む、返品ポリシーを再確認する、などだ。忙しい女性客の視点から、こうしたサービスの現状を眺めてみよう。

●ステップ④ライバル社トップスリーを調査する。

あなたのライバル会社トップスリーについても、おなじようにマーケティングコミュニケーション調査とカスタマーサービス調査をおこない、自社と比較するレポートを作成しよう。そしてこの情報を広く深く、本社から現場にまで行きわたらせる。理想的な状況なら、大きなイベント、たとえば年次総会の場で発表できるだろう。こうした爆弾はしばしば、その場に大きなエネルギーのうねりを生み出し、やがて明るくて疑念のない雰囲気のなかで、性差の重要性が強調されることになる。

●ステップ⑤製品開発と研究開発を評価する。

製品開発チームと話をして、さまざまな知識を得よう。女性という要素がどの程度まで製品開発プロセスに組み入れられているか？　消費者の意見を集めるために、現在どんな手段が講じられているか？　研究所と、そして実際に製品を使う消費者により近い現場で、どこまで調査がおこなわれているか？　製品開発チームには女性が何名いるのか？

●ステップ⑥セールストレーニングを調査・改善する。

あなたの会社に対面販売員のチームがあるなら、トレーニングの段階で顧客の男女差に配慮しているかどうかを見よう。まずそういうことはないだろう。だからこそ、そこにチャンスが生まれるのだ。その前に販売担当重役を納得させる必要があるもしれない。そこでこうしたトレーニングの効果を示すために、女性のチーム（社員でも社外の人間でもいい）と協力して、販売員たちを覆面調査し、女性にうまく接客できているかどうかを判定する。私もおなじことをやってみて、この分野ではすぐに改良点が見つかることがわかった。この覆面調査の結果をふまえて、販売員チームのトレーニングプログラムにジェンダー教育を取り入れるようにうながそう。それがライバルに差をつける決め手になる。

●ステップ⑦五つの世界的傾向がどんなチャンスをもたらすか？

3章でざっと説明した世界的な傾向が、今後数年のあいだ、あなたの会社がどこに努力やリソースを集中させるかを決めるうえで役立つだろう。長期計画のなかで、こうした傾向をどのように活用できるだろうか？

・労働力となる女性が増える
・婚期が遅くなり、若い独身女性の数が増える
・一世帯あたりの人数が減る
・離婚がふつうのことになる

・世界中に高齢女性が増える

●ステップ⑧論陣を張る。

本書のケーススタディや情報とともに、あなた自身の調査を駆使して論陣を張り、あなたの会社の顧客となる女性たちの文化を理解することがいかに重要かを主張しよう。他業界のリーダーたちが男女の違いを熟知することで、どれだけの利益をあげているかを説明するといい。私の経験では、これはチャンスの到来を示すうえで最も効果的な方法のひとつだ。

会社の承認を得るために、女性消費者を対象とした私的な調査プロジェクトをおこなおう。小さなプロジェクトでも、手始めとしてはちょうどいい。

●ステップ⑨できることから迅速に始める。

シンプルで具体的な計画に着手して、すばやく結果を出し、はっきりと行動で示すこと。たとえば、特定のマーケティング資料の表現を書き直す、女性文化にもとづくカスタマーサービス・トレーニングをおこなう、現在のセールストレーニングに女性の要素をつけ加える、といったことが考えられる。

●ステップ⑩結果を基準にしたがって評価する。

あなたの会社の現在のデータベースを使って、今後数年間の進歩を計るための基準をつくろう。基準としては、たとえばつぎのような情報が使える。

・顧客に女性が占める割合
・得意客に女性が占める割合
・性別による顧客忠誠度
・性別によるカスタマーサービスへの問い合わせ

会社の総会での発表では男女差にたえず焦点を当て、みんなの認識が変わるまで説明を続けよう。未来は女性である――この事実を認めて受け入れた会社は、いずれ市場を支配することになる。

まったく単純なことだ。女性を理解することが、成功につながるのだ。

女性《じょせい》のこころをつかむ
マーケティング

2010年6月30日　初版第1刷発行
2015年8月2日　第5刷発行

著者　ブリジット・ブレナン
訳者　谷川《たにかわ》 漣《れん》
装幀　重原 隆
編集　深井彩美子
印刷　萩原印刷株式会社
用紙　中庄株式会社
発行所　有限会社海と月社
〒180-0003
東京都武蔵野市吉祥寺南町2-25-14-105
電話0422-26-9031　FAX0422-26-9032
http://www.umitotsuki.co.jp

ISBN978-4-903212-18-0

ポジショニング戦略［新版］

アル・ライズ／ジャック・トラウト
川上純子［訳］ ◎1800円（税抜）

消費者の頭の中を制する者が勝利する。宣伝洪水でも「売れる商品」にする「発想法」と「実践法」。実例多数。コトラー激賞。全マーケ戦略の基本書。

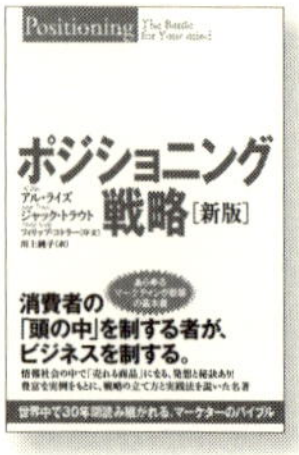

フォーカス！ 利益を出しつづける会社にする究極の方法

アル・ライズ
川上純子［訳］ ◎2000円（税抜）

「長期繁栄に不可欠なのはフォーカス＝絞り込みだ」。全米No.1マーケターによる、フォーカスの「効用」と「実践法」。10年以上読み継がれる名著。

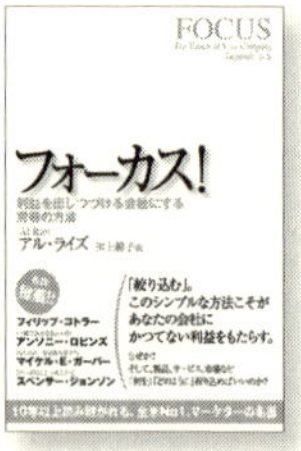

独自性の発見

ジャック・トラウト　スティーブ・リヴキン
吉田利子［訳］ ◎1800円（税抜）

モノと情報があふれる現代社会で、消費者の心をつかむ唯一の方法。マーケティングの世界的権威による『ポジショニング戦略』と並ぶ不朽の名著。

WOM《ワム》マーケティング入門

アンディ・セルノヴィッツ　［序文］ガイ・カワサキ
花塚 恵［訳］◎1800円（税抜）

誰もがクチコミで買う時代の新しいマーケティング・バイブル。すぐできる、簡単、低予算、でも効果は絶大。第一人者が指南するロングセラー！

すべては「売る」ために　利益を徹底追求するマーケティング

セルジオ・ジーマン
依田卓巳［訳］　◎1800円（税抜）

19カ国に翻訳出版。コカ・コーラなどで偉業を成した稀代のマーケターによる「利益を生む戦略」の考え方、組み立て方。実例や具体策も多数。

トルネード　キャズムを越え、「超成長」を手に入れるマーケティング戦略

ジェフリー・ムーア
中山 宥［訳］◎1800円（税抜）

ハーバード、スタンフォード、MITなどで教科書に採用。15年以上読み継がれる名著。『キャズム』と対をなす、ハイテクマーケティングのバイブル。

ある広告人の告白［新版］

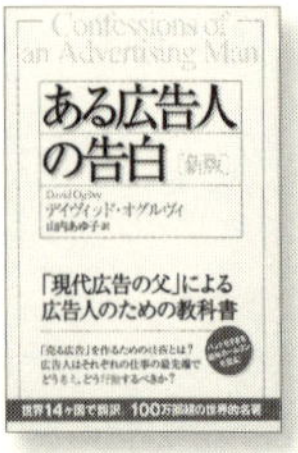

デイヴィッド・オグルヴィ
山内あゆ子［訳］◎1800円（税抜）

現代広告の父が説く「売る広告」にする考え方、戦略、テクニック。実体験と華々しい実績に裏付けられた説得力満点のロングベストセラー。

広告の巨人 オグルヴィ語録

デイヴィッド・オグルヴィ
山内あゆ子［訳］　◎1700円（税抜）

コピーライターそして広告会社社長として天才ぶりを遺憾なく発揮したオグルヴィの著作、講演、社内外向けレポート等から名言を厳選して収録。

「売る」広告［新訳］

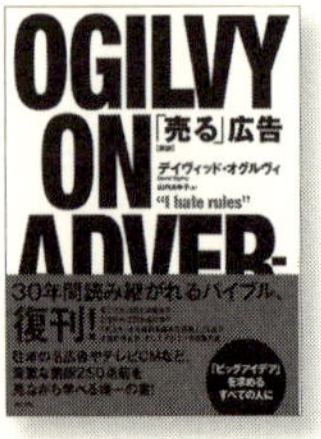

デイヴィッド・オグルヴィ
山内あゆ子［訳］◎2800円（税抜）

『ある広告人の告白』のオグルヴィによる名広告の数々と広告哲学、テクニックを250点以上の図版とともに堪能できる唯一の書。待望の復刊！

リーダーになる［増補改訂版］

ウォレン・ベニス
伊東奈美子［訳］　◎定価 1800 円（税抜）

21カ国で刊行。入念な取材、大統領顧問経験等に裏打ちされた説得力あふれる内容で今も愛されるベストセラー。ドラッカー、トム・ピーターズも激賞の書！

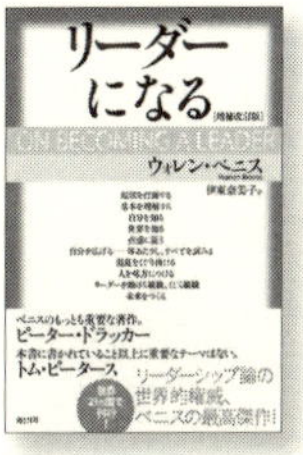

リーダーシップ・チャレンジ［原書第五版］

ジェームズ・M・クーゼス　バリー・Z・ポズナー
金井壽宏［解説］ 関 美和［訳］
◎定価 2800 円（税抜）

世界200万部突破。30年超の調査で生まれた最も信頼される実践テキストの最高峰。

響き合うリーダーシップ

マックス・デプリー
依田卓巳［訳］　◎定価 1600 円（税抜）

ハーマン・ミラー中興の祖による人間讃歌のリーダー論。20 年以上、世界の CEO から絶賛されるバイブル。日本人のリーダー観を変える書。ドラッカーも絶賛。

ザ・ドリーム・マネジャー

モチベーションがみるみる上がる「夢」のマネジメント

マシュー・ケリー
橋本夕子［訳］　◎定価 1800 円（税抜）

個人の夢を活用する画期的マネジメント術を、ビジネスストーリーと実践ガイドで指南。企業採用続出！